国际中文教育发展报告（2019—2020）

编写委员会

指导委员会主任：马箭飞　刘　利

指导委员会委员：王　甬　孟　源　李佩泽　张　博　王建勤
陈丽霞　郭风岚

主　编：刘　利

副主编：陈丽霞

编　委：黄潇潇　邵　磊　杨　帆　武传霞

作　者：刘　利　施春宏　朱瑞平　周小兵　李佩泽　陈丽霞　郭风岚
张新生　顾利程　［法］海　博　王建勤　刘　旭　王　喜
黄　蕾　李玲玉　肖　媛　解妮妮　李明芳

译　者：王丽虹（英文版）
［法］Agnès Belotel-Grenié　韩祝祥（法文版）
［古巴］Liz Williams Fernández　徐颖丰（西班牙文版）
［俄］Vera Muravyeva　［俄］Alexey Rodionov（俄文版）
陆映波（阿拉伯文版）

国际中文教育发展报告

2019—2020

主　编　刘　利
副主编　陈丽霞

北京语言大学出版社
BEIJING LANGUAGE AND CULTURE
UNIVERSITY PRESS

图书在版编目（CIP）数据

国际中文教育发展报告．2019—2020 / 刘利主编 ；陈丽霞副主编．-- 北京 ：北京语言大学出版社，2023.4
ISBN 978-7-5619-6249-7

Ⅰ．①国… Ⅱ．①刘… ②陈… Ⅲ．①汉语－对外汉语教学－教学研究－研究报告－ 2019-2020 Ⅳ．① H195.3

中国国家版本馆 CIP 数据核字 (2023) 第 042440 号

国际中文教育发展报告（2019—2020）

GUOJI ZHONGWEN JIAOYU FAZHAN BAOGAO（2019—2020）

责任编辑：武传霞　　英文编辑：侯晓娟
法文编辑：［瑞士］Claudia Berger　　法文审定：韩祝祥
西班牙文编辑：刘　莹　　俄文编辑：管玉红
阿拉伯文编辑：曹　磊　　封面设计：张晶晶
排版制作：北京青侣文化创意设计有限公司
责任印制：周　燚

出版发行：北京语言大学出版社
社　　址：北京市海淀区学院路 15 号，100083
网　　址：www.blcup.com
电子信箱：service@blcup.com
电　　话：编 辑 部　8610-82303647/3592/3724
　　　　　国内发行　8610-82303650/3591/3648
　　　　　海外发行　8610-82303365/3080/3668
　　　　　北语书店　8610-82303653
　　　　　网购咨询　8610-82303908
印　　刷：天津嘉恒印务有限公司

版　　次：2023 年 4 月第 1 版　　印　　次：2023 年 4 月第 1 次印刷
开　　本：787 毫米 × 1092 毫米　1/16　　印　　张：47.25
字　　数：916 千字
定　　价：158.00 元（全 6 册）

PRINTED IN CHINA
凡有印装质量问题，本社负责调换。售后QQ号1367565611，电话010-82303590

前　言

语言是人类沟通与交流的重要工具，语言交流与合作是人类社会共同发展和进步的客观需要。本报告在对国际中文教育进行简要回顾与前瞻的基础上，围绕国际中文教育的基本组成部分，包括研究状况、师资建设、教材建设、中文水平测试、孔子学院等方面，进行年度梳理与总结，对典型区域的国际中文教育发展情况进行介绍，并把“汉语第二语言教学与习得研究”作为2019—2020年的关注重点进行专题性论述。

一、报告的基调

本报告全方位展示国际中文教育的自信与自省。报告采用科学方法，全面客观反映、评价国际中文教育发展，实事求是总结成绩，对国际中文教育取得的成就给予积极肯定；同时，不回避矛盾，直面国际中文教育存在的问题，明确努力的方向，为国际中文教育转型升级、实现内涵式高质量发展提供参考。

二、报告的价值

本报告立足于2019—2020年国际中文教育发展新形势，紧扣开创国际中文教育新格局主题，针对国际中文教育转型升级的现实需求，阐述国际中文教育的发展历程、现实成就和未来趋势。

报告的出版，有助于海内外全面了解国际中文教育发展状况，有助于推动新时代国际中文教育的研究和实践，科学认识国际中文教育的具体进程，客观评价国际中文教育的改革成就。采取年度报告的形式推进国际中文教育研究，是国际中文教育发展的内在需求，对国际中文教育发展和改革具有里程碑意义。

三、报告的特点

本报告立足国际中文教育实际,集中海内外专家学者智慧,力求体现以下特点:

1. 及时反映发展趋势

报告力求及时、准确反映当前国际中文教育的发展概况和总体态势,客观展现国际中文教育研究成果。在宏观把握国际中文教育现状的基础上,努力呈现当前国际中文教育面临的突出问题,并尝试提出切实可行的意见、建议。

2. 突出问题意识

报告积极回应国内社会各界和国际社会对国际中文教育的不同关切,为从事、关心国际中文教育的不同人群思考、关注的相关问题提供解答和参考。报告从多个维度展开,重点对2019—2020年国际中文教育发展的主要成果进行全面梳理,以系统反映该领域的发展概貌和主要成果,并予以简要评论。

3. 进行科学分析和研判

国际中文教育的可持续发展离不开学科基础理论的支撑。报告除客观呈现国际中文教育的最新发展态势外,也对国际中文教育的师资、教材及教法等问题进行了深度分析;在描述国际中文教育发展经验及有关启示的同时,对新时代国际中文教育面临的环境和挑战,以及未来发展趋势做出分析和预判。

报告认为,国际中文教育学科特色鲜明,在内外环境、服务对象、知识体系等方面呈现出一般学科所不具备的特征,需要特别予以关注。近些年来,国际中文教育学科建设日益成熟,也进一步推动了国际中文教育事业的蓬勃发展。当然,国际中文教育学科还有很多理论问题及实践问题有待解决。

4. 汇聚国际智力资源

撰写报告的作者团队来源广泛,既有国内长期关注并研究国际中文教育的专家学者,也有来自海外的著名学者、汉学家等。除中文外,报告同时也将以多种语言(包括英文、法文、西班牙文、阿拉伯文、俄文)出版发布,以进一步达成与国际教育界的对话。

《国际中文教育发展报告（2019—2020）》希望发挥积极作用，推动世界多元文明互学互鉴，进一步推动国际中文教育事业可持续高质量发展，促进中国与世界各国语言文化交流合作。同时，围绕报告，我们将着力搭建国际中文教育研究的专业化协作平台，服务于国际中文教育的内涵发展和创新发展。我们将积极推动大数据平台建设，通过年度报告助力国际中文教育创新发展，构建更加开放、包容、规范的国际中文教育体系。

目　录

第一部分　综合报告

国际中文教育发展历程、现状与展望

本文以2019年度的国际中文教育为横切面，以国际中文教育发展历程回顾和未来展望为纵切面，在时空视野和世界国际中文教育大背景下，对国际中文教育发展做立体式描写分析。

一、发展历程

语言是人类沟通的桥梁，语言教育则是实现人类有效沟通的最佳途径。中华人民共和国成立以来近七十年的国际中文教育始终聚焦于"中文教学"这一主题，使得国际中文教育自始至终定位清晰，方向明确。1950年在清华大学设立东欧交换生中国语文专修班，拉开了新中国国际中文教育的序幕。专修班可以说是新中国第一个国际中文教育机构，担任专修班班主任的是当时的清华大学教务长、著名物理学家周培源先生，使用的教材是赵元任先生的《国语入门》（改编版）。此后，该专修班历经北京大学外国留学生中国语文专修班、北京外国语学院外国留学生办公室、外国留学生高等预备学校等阶段，最终发展成为1964年成立的北京语言学院。1952年，新中国派出第一位出国教师——朱德熙先生参与海外汉语教学。1961年，作为首批出国汉语储备师资的25位中文系应届大学毕业生自10所高校选拔而出。可以说，20世纪五六十年代的国际中文教育以事业为发端，在教师选拔、教材选配等方面的起点很高，当年的国际中文教师后来大都成为著名的语言教学专家、语言学家。

改革开放后，国际中文教育进入大发展期，从事业发展到学科建设、人才培养等均取得历史性突破。1978年，吕必松先生首次提出应当把对外国人的汉语教学作为一个专门的学科来建设，在高校中设立培养这类教师的专业，并成立专门的研究机构。1983 年，中国教育学会对外汉语教学研究会成立，以“对外汉语教学”为名的专门学科正式创立，并于当年开始招收本科专业学生，1986 年开始招收硕士研究生。1997 年，对外汉语教学方向的博士研究生在“语言学及应用语言学”学科目录下开始招生。1987 年，国家对外汉语教学领导小组办公室（国家汉办）成立，同年，世界汉语教学学会成立并举行了首届大会；1990 年 6 月，国家教委颁布了《对外汉语教师资格审定办法》。经过不懈探索，国际中文教育的学科定位及功能不断完善，人才培养走向专门化、专业化，基于国际中文教育的学术研究成果影响力越来越大，学科建设体系更加完善、系统。如果说国际中文教育始于事业发展，那么，20 世纪八九十年代的国际中文教育则兴于事业和学科双轮驱动。

进入 21 世纪，随着中国国力的不断增强，经济的繁荣催化了全球“汉语热”，来华学习汉语已难以满足海外汉语学习者的刚性需求，在本土设立专业汉语教学机构的需求陡增。为此，自 2004 年起，在国家汉办的指导下，许多国家陆续设立了孔子学院。截至 2019 年 12 月，全球共有 162 个国家（地区）建立了 550 所孔子学院和 1172 个孔子课堂。2005 年，世界汉语大会召开，标志着国际中文教育学科从对外汉语教学逐步向汉语国际教育转型。2011 年，教育部印发《学位授予和人才培养学科目录》，对外汉语教学专业也正式更名为汉语国际教育专业，多所高校同时设立汉语国际教育硕博士专业。

2019 年，国际中文教育大会召开，主题为“新时代国际中文教育的创新与发展”，这标志着国际中文教育发展又进入一个新时期。未来的国际中文教育要注重融入本土，适应对方需求，并通过推进“中文 + 职业技能”项目、完善国际中文教育评价标准、推进办学主体多元化等方式实现国际中文教育发展的转型与升级。

国际中文教育的发展历史大体可以分为四个阶段：第一阶段（1950—1982 年）是事业开创期，国际中文教育事业几乎与共和国的发展同起步，但国际中文教育学科尚未形成；第二阶段（1983—2004 年）是学科形成期，国际中文教育以“对外汉语教学”之名成为一个专门的学科，并逐步形成完整的教学理论体系；第三阶段（2005—2018 年）是探索发展期，孔子学院在海外落地，是国际中文教育“走出去”的重要探索，从对外汉语教学向汉语国际教育的转变，则是从事业到学科均实现了跨越式发展；第四阶段（2019 年至今）是转型升级期，在新的时代背景下，面对全球多样化的中文学习需求，面对孔子学院面临的诸多挑战，国际中文教育将进一步提质增效，积极适应新形势、新变化，探索新的发展模式。

二、发展现状

2019 年是国际中文教育不平静、不平凡的一年。这一年，国际中文教育继续聚焦主题，在继承中积极探索转型升级，在制度建设、人才培养、交流合作等方面成绩显著，不断推动学科和事业发展创新；这一年，共建人类命运共同体意识深入人心，“一带一路”建设如火如荼，需要大量会中文、懂技术的复合型人才。市场需求旺盛，也促使中文教学除进行一般语言交际能力的培养外，开始探索“中文 + 职业技能”教学模式。

1. 制度建设

2019 年，国际中文教育与孔子学院继续建立健全相关制度，主要有：

（1）“《汉语考试管理办法》意见征集会”在中国科学院大学举行，38 位国内外优秀考点负责人参加。

（2）“《国际汉语教师标准》修订与分级能力认证研发项目”获批立项。

（3）在广泛征求意见的基础上，孔子学院总部制定了《孔子学院办学标准》与《孔子学院办学质量评价指标体系》。

2. 机构建设

截至 2019 年 12 月，全球已有 162 个国家（地区）建立了 550 所孔子学院和 1172 个中小学孔子课堂，其中，2019 年新设 27 所孔子学院、66 个孔子课堂。全球学习中文的人数突破 1.5 亿，国际中文教育的“朋友圈”越来越大。

3. 人才队伍建设与培养

截至 2019 年底，孔子学院总部已向 155 个国家（地区）派出公派教师 3633 人，其中，向 152 个国家（地区）的 416 所孔子学院、66 个孔子课堂派出教师 3006 人，向外国大中小学（非孔子学院）派出教师 627 人。

2019 年，孔子学院总部支持 12 国的 17 所大学建立汉语师范专业，为南亚 7 国累计培养、培训教师 6930 人（其中参加来华培训的南亚教师 74 人），聘用 43 国本土教师 219 人，全球 16 国 35 所孔子学院聘用孔子学院核心教师 36 人。

2019 年，全国 148 所汉语国际教育专业学位授权点院校招收硕士学位研究生总计 6520 人，19 所教育博士专业学位授权点院校招收汉语国际教育领域博士专业学位研究生 59 人，累计培养汉语师范专业生 1269 人。

2019 年，共有 1.4 万余人报名参加志愿者项目。孔子学院总部遴选并派出 6289 名汉语教师志愿者赴 140 个国家（地区）开展中文教学。

4. 学术交流

2019 年 1 月，《世界汉语教学》编辑部主办“汉语国际教育知识体系的特色与构建研讨会”；5 月，“第二届国际汉语教师培养与发展暨数字化汉语教学研讨会”在北京外国语大学召开；6 月，北京语言大学出版社主办“基于案例的国际汉语教学法与教学模式研讨会”，《世界汉语教学》编辑部与青岛大学举办“新时代汉语国际教育学术研讨会”；7 月，“孔子新汉学计划”支持的“双语与多语语境下的汉语习得国际会议”在英国剑桥大学召开；8 月，世界汉语教学学会主办“国际汉语教育教学与研究高级讲习班”；9 月，《语言教学与研究》编辑部主办“语言教学与研究前沿论坛暨《语言教学与研究》创刊 40 周年庆典”；10 月，北京语言大学汉语国际教育研究院等单位联合主办“第十六届对外汉语国际学术研讨会暨第四届汉语远程教育与传播国际学术研讨会”；11 月，全国汉语国际教育专业学位研究生教育指导委员会主办“第一届全国汉语国际教育博士专业学位人才培养高端论坛”。

2019 年 12 月，国际中文教育大会在长沙举行，主题为“新时代国际中文教育的创新与发展”，来自 160 多个国家和地区的 1000 多名孔子学院和中文教育机构代表参加了大会。

5. 海外合作

截至 2019 年 11 月，全球共有 69 个国家（地区）通过颁布法令、政令、教学大纲、课程大纲等形式，将中文教学纳入国民教育体系，如南非、毛里求斯、坦桑尼亚、喀麦隆、赞比亚等非洲国家，泰国、马来西亚等东南亚国家更是通过政策和法规形成了从学前教育、基础教育、职业教育到高等教育的完整的中文教学体系，美国、加拿大、日本、韩国、澳大利亚、俄罗斯等国家先后将中文列为大学入学考试的外语科目之一。

2019年，孔子学院总部与亚美尼亚埃里温布留索夫国立语言大学、法国阿尔瓦多大学签署了关于支持汉语师范专业（对外汉语）发展的合作协议（6月、7月），与朝鲜平壤外国语大学合作共建汉语中心（9月），与葡萄牙、阿联酋签署将中文纳入中小学教育体系的合作协议（4月、7月），协助比利时编写汉语教学大纲（11月）；世界汉语教学学会支持南非正式注册成立中文教师协会（2月），并吸收美国汉语作为第二语言研究学会入会（4月）。

三、发展展望

在2019年国际中文教育大会上，孙春兰副总理针对国际中文教育发展提出了三点原则：一是聚焦语言主业，积极融入本土，在语言教学中融入适应双方合作需求的特色课程，积极推进“中文＋职业技能”项目；二是完善并推广评价标准，提升教学质量，因地制宜开发教育大纲与本土化教材；三是遵循语言传播的国际惯例，坚持市场化运作，支持中外高校、企业、社会组织成立国际性民间公益基金会，建立与各国教育文化媒体、智库等机构的广泛联系，推进办学主体多元化。

教育部部长陈宝生提出支持国际中文教育事业可持续高质量发展的六项新举措：一是健全和完善国际中文教育本硕博学科体系，支持中国高校独立设置专业博士学位，大幅增加专业博士名额；二是支持中国高校创办国际中文教师学院，配合外国高校设立中文师范院系、专业，既招收学历生，又开展各种专业化培训；三是制定提高中方外派中文教师及志愿者待遇的政策，支持各国孔子学院选拔聘用更多的本土中文教师；四是支持中外专家联合实施精品教材工程，编写全球通用性和本土适应性相结合的中文教材，加强数字资源建设，升级网络孔子学院，办好全球中文学习平台；五是完善国际中文教育系列标准，加强教学质量评估监测，制定将汉语水平考试成绩作为各国青年来华留学重要依据的政策；六是继续支持和鼓励中国及世界各国各类学校企业、社会组织及个人积极参与，特别支持和鼓励中外高校通过共同创办基金会等多种方式，更多参与孔子学院建设与国际中文教育工作，更好、更充分地发挥办学主体作用。

展望未来，国际中文教育任重道远。国际环境仍处于不断变化中，人类命运共同体意识也将不断加深，“一带一路”建设空间将继续拓展，挑战与机遇并存，需进一步审时度势，深化改革，与时俱进，开拓创新，推动国际中文教育事业行稳致远，推动国际中文教育学科在不断创新中获得更大的发展。

在学科建设及人才发展方面，可着力加强“五个体系”建设：第一，着力构建本硕博相贯通的一体化中文教师教育体系。探索新的学制模式，分工侧重，连贯培养，为优秀生源提供合适的上升通道。第二，着力构建分类培养、多样化发展的中文教师教育体系，为海外或国内高校、国际学校等培养差异化中文教师，为孔子学院和海内外中文项目培养教育管理者和资源开发者，为学科和专业培养教师教育专家。第三，着力构建“学历教育”与“教师培训”相贯通的中文教师教育体系。第四，着力构建面向国际学生的海外本土中文教师教育体系，为海外中文教学机构培养高质量的本土中文教师和教育管理者。第五，着力构建中文教师的评价标准与评价体系。在中文教师教育上，不仅要培养教师，还要出台有效的教师评价标准。

（作者：刘利，北京语言大学）

国际中文教育研究状况报告

国际中文教育是一个非常有特色的教育教学领域，它的每一步发展既与中外人文交流和文明互鉴的需要紧密相连，也呈现出学科自身建设的特点。从学术研究的角度来看，这个特色领域必然会在内外环境、服务对象、知识体系等方面呈现出一般学科所不具备的特征，而且时代性特征比较鲜明。近些年，国际中文教育的学科建设、学术研究和事业发展既呈现出蓬勃发展的态势，也潜存着一些影响可持续发展的亟待解决的问题。

一、近年关注的论题

总结近些年的研究状况，国际中文教育研究的基本论题集中于以下几个方面，有的已形成明晰的共识，有的仍存争议。

1. 学科和事业的关系

由于国际中文教育既是一项事业，也是一个学科，还是一个专业，因此学科和事业的关系问题一直是国际中文教育发展过程中需要面对的根本问题。面向来华留学生的“对外汉语教学”因事业的需要而产生，其学科建设已取得了突出的成就。由于当时的汉语教育事业主要是在国内从事汉语第二语言教学，因此学科和事业的关系问题并不突出。当汉语教育事业发展到21世纪之初的“汉语国际教育”阶段，海外中文教育的事业得到了空前的发展，然而相关的学科建设却并未同步展开，学科和事业的关系，尤其是以事业掩盖学科的问题就凸显了出来。近些年，学界开始讨论这个关系学科存续和发展的基本问题，“学科”研究与“事业”发展并重的呼声日渐高涨。

2. 学科的性质和定位

国际中文教育学科是归属于中国语言文学，还是归属于教育学，或者看作正在形成中的新兴交叉学科，一直存在着争议。目前，“汉语国际教育”本科专业学位设置于“文学”门类中的“中国语言文学”一级学科之下，“汉语国际教育”研究生专业学位设置于“教育学”这个一级学科下，这种错位设置引发了很多讨论。学科定位不清，直接影响到专业设置、课程体系、培养目标等。目前的基本情况是，对其学科归属，语言学界非常关注，而教育学界似乎不太关心；其学科教学内容多以语言和语言学及相关学科为主，与教育学相关的内容只是作为少数辅助性课程来开设。由此可见，将国际中文教育的学科定位偏于语言学应该更为合理。

3. 国际中文教育的基本功能

语言是文化的重要载体，语言教学的功能就与语言和文化都有直接的关联。国际中文教育的基本功能是立足于语言教育教学，还是文化交流传播，学界有不同的认识。近年来，主体认识是主张回归到语言教育的本质，即以汉语言文字教学为根本，其他功能通过特殊的策略在语言教学中实现。此时，如何在国际中文教育中体现中文所承载的中华文化特色，如何通过国际中文教育为人类命运共同体建设做出新的贡献，这是国际中文教育研究领域的新命题。

4. 学科知识体系

若将国际中文教育作为一个独立的学科或新兴交叉学科看待，首要的任务就是建构学科知识体系，因为它是决定国际中文教育科学化水平的关键因素。学界已经认识到，国际中文教育的学科体系至少应该包括三个部分：一是支撑学科的基础理论，指支撑国际中文教育学科发展的基础学科，如语言学、教育学、心理学等；二是学科基础的理论体系，指国际中文教育学科自身的基础理论，如面向国际中文教育的汉语语言学知识、社会文化知识，作为第二语言的汉语习得理论和教学理论，以及相关学科的基本研究方法等；三是学科建设的应用研究，指运用学科理论对总体设计、教育管理、师资培养、教材研发、课堂教学、测试评估、资源建设等方面进行专门的研究，以及教育技术与技能的使用与研究等，当然，应用研究本身也有自己的基础理论。如何在新时代构建满足学科建设与发展需要、突出学科自身特点和规律的国际中文教育学科体系，是学科建设的重大议题。

5. 教师、教材、教法

此即国际中文教育中一直广受关注的“三教”问题。由于国际中文教育的实施场所以国外为主，加之教学对象出现了普遍化、低龄化趋势，因此“三教”问题出现了更为复杂多样的新情况，尤其是当地化 / 本土化、国别化、语别化、族别化问题在“三教”的每个方面都有体现。因此，师资条件和培养研究、差异化教材研究和编写、因材和因才的施教策略等，都得到了广泛关注。

6. 海外华文教育

国际中文教育的对象既包括非华裔外籍人士，也包括外籍华人和长期居住在国外的华侨及其子女。因此，海外华文教育是国际中文教育战略的重要而独特的组成部分。由于语言背景和文化背景的多样性和复杂性，海外华文教育很独特，其内在层次又丰富多样，其知识体系既与一般意义上的汉语作为第二语言 / 外语的教育教学存在共性，也有显著差异。因此，学界对其大纲设计、课程设置、教材编写、课堂教学、测试评估、师资培训、学习特点等内容加以专门研究，并成为近些年的一个研究热点。

7. 孔子学院的建设和发展

截至 2019 年，孔子学院建设已 15 年，由外延式扩展进入内涵式发展的新阶段。孔子学院建设的国家政策、管理体制、运行机制、发展理念、建设生态、师资队伍、课程设计、教学资源和教学模式等，都需在新的全球形势下进行进一步研究。

8. 互联网教学的发展和平台与资源建设

随着信息技术的发展，国际中文教育的生态发生了根本性变化，移动互联时代的“云教学”模式正在逐步成型。近些年，国际中文教育已经关注到各类教育教学平台和资源信息库的建设，并基于相关资源库展开研究。这些平台与资源库包括网络直播平台、慕课、在线课程及语料库、素材库、教材库、案例库、教学课件、教辅资料、论著汇集等。其中，基于语料库、教材库等的语言学研究和习得研究展开得相对充分。

二、亟待解决的问题

从国际中文教育的历史使命和现实发展来看，当前的国际中文教育无论在事业发展方面还是在学科建设方面都存在一些亟待解决的问题。下面主要从国际中文教育事业发展和学科建设的角度简要列出几个比较突出的方面。

1. 事业和学科之间的关系不够明晰

由于国际中文教育具有事业和学科的双重性质和任务，因此两者之间有重合是正常情况，但如果较长时期里存在以事业发展代替、掩盖学科建设的情况，则容易忽视或限制学科建设及其发展，尤其是在总体设计、资源配置、队伍建设、基础理论研究、学术成果转化等方面。

2. 学科定位和内涵的认识不够清晰

这是一个长期存在的问题，从对外汉语教学发展到汉语国际教育/国际中文教育，一直争议不断。有人认为它是语言学的下位学科（属于应用语言学的一部分），有人认为它是教育学的下位学科，有人认为它是语言学与教育学的交叉学科，有人认为它是一个独立的新兴交叉学科，也有人认为它的主要任务是传播中国文化，因而跟传播学关系紧密。立论的基础不同，认识上各持一端，致使学科发展方向不明，常有摇摆情况。

3. 学科知识体系不够完备

由于学科定位不够明晰，国际中文教育的学科知识体系如何构建，尚未形成统一的认识。目前大体可以明确的是，支撑学科的基础理论包括语言学、教育学和心理学等，但语言学和教育学在基础知识体系中的关系如何，却并不明朗。目前教育学界并不特别关注国际中文教育的研究和发展，国际中文教育的主要推动力还是来自语言学界；然而语言学界对国际中文教育中存在的教育学原理问题又关注得不充分。除了基础学科，国际中文教育的基本理论体系、应用研究体系的内在系统如何，研究得也不充分。

4. 总体设计、顶层设计相对缺乏

21 世纪以来，相对于对外汉语教学学科建设阶段，国际中文教育学科层面的总体设计在诸多方面基本上处于自在自为的阶段，基于战略高度的学科顶层设计路线也不够清晰。尤其是新时期，随着孔子学院事业的发展、海外华文教学的深入、教学对象普遍化和低龄化现象的出现、非通用汉语教学任务的增加及预科教学的推进等，国际中文教育更需要从总体、顶层对其所涉及的各个方面、各个环节做出重新规划，制定长远规划。需要特别提出的是，总体设计、顶层设计相对缺乏还与相关学会学术指导的缺席有关，缺乏学会的学术指导迟滞了国际中文教育学科的发展。这也就需要学界和管理者重新思考和定位相关学会的功能。

5. 基础理论研究不够深入

国际中文教育是门发展时期不长、各方认识还存在较大差异的学科，因此对基础理论的研究需要全面而深入地开展。由于当前国内外各方面形势发展迅速，只有做好理论研究、应用研究与教学实践等各方面的基础研究工作，才能提升学科建设的科学性、完备性、预见性和适应性。尤其是孔子学院和孔子课堂的基础理论建设目前还处于相对空白的阶段，迫切需要将其作为重大课题进行较长周期的系统研究，以实现可持续发展。

6. 多层次、高规格人才培养创新机制不畅

由于国际中文教育具有学科和事业双重属性，因此既要培养学科性的研究型人才和教学型人才，也要培养事业型的管理型人才，还要培养兼具两方面特征的复合型人才。目前各个层次的人才培养机制创新不够，急学急用、急用急育的情况比较普遍。师资培养的针对性也不充分，整体计划性不够强。在高规格人才培养方面，目前除了重视硕博研究生的学术人才培养外，其他方面并不充分。尤其是国外本土化的师资和管理人才的培养与团队建设，更需要从国家层面来做出顶层设计和整体规划。

（作者：施春宏，北京语言大学）

第二部分　分项报告

国际中文教育师资建设发展报告

中华人民共和国成立后的对外汉语教学发轫于1950年7月在清华大学成立、1951年年初开班的东欧交换生中国语文专修班，该班有33位留学生、6位汉语教师。1961年，高教部选拔出国汉语储备师资（1961—1964），汉语教学师资培养发端于此。1965年夏，北京语言学院举办了第一个留学生汉语教师师资培训班。1978年，北京语言学院开设现代汉语专业（本科），学制4年，专门培养汉语教师等方面的人才。紧接着的80年代和90年代，对外汉语本科和硕士、博士专业次第开设，专门培养汉语作为第二语言教学的相关师资。

一、人才培养

中文师资培养是一个长期的过程，学生要通过不断的课堂专业学习和课后的自学活动，并亲自参与教学实践，逐步纠正错误，建立正确的专业态度和专业意识，才能最终成长为一名成熟的、有经验的中文教师。

为满足海外日益增长的对国际中文教师的需求，中国大力推动汉语国际教育学科发展，不断完善国际中文教育师资人才培养体系。目前，除汉语国际教育本科专业外，国际中文教育师资人才培养主要包括硕士研究生和博士研究生两个层次，涵盖四种类型：学术型硕士、学术型博士、专业型硕士、专业型博士。据统计，2019年，中国有100多所从事国际中文教育相关师资人才培养的院校，分布在除青海省和西藏自治区以外的29个省（区、市）（港澳台未计入）。

1. 学术型硕士

20 世纪 90 年代，对外汉语教学相关的硕士学位授权点开始设立，由此拉开了该领域高层次人才培养的序幕。学术型硕士学制 3 年。

2019 年，全国有 82 所院校招收语言学及应用语言专业（对外汉语教学等方向）的学术型硕士，但自从 2006 年汉语国际教育专业型硕士开始试招生以来，专业型硕士数量越来越多，学术型硕士数量越来越少。目前，多数培养单位的学术型硕士的招生数量远低于专业型硕士。

2. 学术型博士

1997 年，国务院学位委员会批准设立“语言学及应用语言学”（编号 050102）博士学位授权点，并开始招生。2015 年，北京语言大学自主增设“汉语国际教育”二级学科博士点并正式招生，这是全国第一个以“汉语国际教育”（即对外汉语教学）命名的博士点。学术型博士的学制为 3 ～ 4 年。

2019 年，59 所院校招收国际中文教育相关专业的学术型博士 79 人。

3. 专业型硕士

为满足全球日益增长的对国际中文教师的需求，2006 年，汉语国际教育（后定名）专业型硕士开始试招生。2007 年，该专业正式列入硕士研究生招生目录，2008 年起全国高校开始正式招生。汉语国际教育专业型硕士的学制一般为 2 ～ 3 年。该专业开设之初，各培养单位的学制以 2 年为主，近年来实行 3 年制的培养单位逐渐增多。截至 2018 年，全国有 148 个汉语国际教育专业型硕士培养单位，十多年来累计培养约 4.8 万人。

2019 年，国内共有 148 所院校招收了 6520 名汉语国际教育专业型硕士。其中，中国学生 5209 人，留学生 1311 人。据统计，截至 2019 年底，全国共培养汉语国际教育专业型硕士约 5.5 万人。其中，中国学生约 4.3 万人，留学生约 1.2 万人。

目前，汉语国际教育专业型硕士已成为中国国际中文教育师资人才培养体系中规模最大、海外输出量最多的汉语师资人才类型。因此，该类型人才培养十分重要，也备受瞩目，每年全国有多个专业论坛专门探讨该类型人才培养的相关问题。据调查，除专业必修课“汉语作为第二语言教学”“汉语作为第二语言习得概论”“中国文化概论”“跨文化交际与传播”“课堂组织与管理”等课程和其他文化类、语言教学类、教育学类等选修课程外，教学实践课程的设置及部分培养单位实行的海外教学实习一年的规定是该类型人才培养工作的特色和亮点。

4. 专业型博士

为提高汉语国际教育人才培养层次，2018 年，教育部批准 12 所院校试点招收汉语国际教育方向专业学位博士研究生，培养中外汉语国际教育和中华文化国际传播的复合型高级人才。同年，国内 7 所院校共招收该类型博士生 22 人。汉语国际教育专业型博士均为在职攻读，学制一般为 4 ～ 6 年。

据统计，2019 年，全国 19 所院校共招收汉语国际教育专业型博士 59 人。截至 2019 年底，19 所院校共有在读汉语国际教育专业型博士研究生 81 人。

2019 年度，全国 148 所培养院校共计招收上述四种类型硕士研究生和博士研究生 7000 余人。

综上所述，国际中文教育师资人才培养的发展现状呈现如下特点：第一，人才培养体系十分完善，已实现相关专业本科生、硕士研究生（学术型和专业型）、博士研究生（学术型和专业型）培养一体化机制，为满足国际中文教育需求、缓解师资紧缺提供了有力保障，为汉语国际教育学科发展储备了研究人才。第二，汉语国际教育专业型硕士培养是国际中文教育教学实践人才供给的重要保障，是国际中文教育事业发展的核心工作之一。经过多年的努力和发展，海外中文师资缺乏的情况得到了较大程度的缓解。

2019 年，中国还支持 12 个国家的 17 所大学建立了汉语师范专业，专门从事本土中文教师培养工作。

二、师资培训

为满足世界各国对提升在职中文教师执业能力水平的需求，中国通过多种方式对世界各国本土中文教师和中国派出的师资进行了培训。

1. 中文师资培训情况

（1）中国公派教师岗前培训

据统计，2019 年共培训分赴 155 个国家和地区任教的新任公派中文教师 925 人。

（2）本土师资来华培训

据统计，2019 年共培训来自 56 个国家和地区的 953 名本土中文教师。

（3）专家赴外对本土师资进行培训

据统计，2019 年，中国派出多个专家组分赴 13 个国家培训当地中文教师 783 人。

2. 汉语教师志愿者培训

（1）汉语教师志愿者岗前培训

据统计，2019 年共培训赴 140 个国家和地区的新任汉语教师志愿者 4700 余人次。

（2）汉语教师志愿者岗中培训

据统计，2019 年，共有 17 个国家开展汉语教师志愿者岗中培训，共计培训 3700 余人次。

总体来说，2019 年，中国共培训本土教师 1736 人，新任公派教师 925 人，汉语教师志愿者 8400 余人次（含岗前和岗中培训），全年累计培训各类国际中文教育师资约 1.1 万余人次。

三、海外师资

2019 年，根据海外中文师资需求，中国通过遴选、培训，向海外 155 个国家和地区派出中文教师（含公派教师和志愿者）共计 9922 人。其中，6289 名中文教师志愿者被派往 140 个国家和地区开展汉语教学，3633 名公派教师被派往 155 个国家和地区的大中小学。公派教师中的 3006 人被派往 152 个国家和地区的 416 所孔子学院、66 所孔子课堂任教，627 人被派往非孔子学院系统的大中小学任教。志愿者教师中，3031 人在孔子学院（课堂）系统工作，3258 人在非孔子学院（课堂）系统的当地大中小学工作。

2019 年，“一带一路”沿线的 43 个国家聘用 219 名本土中文教师。

从 2019 年度海外各国提出的中文教师需求数量与中国派出教师、志愿者数量和国内汉语国际教育专业型硕士的培养数量来看，国内师资培养与派出规模在一定程度上缓解了海外中文教师供小于求的状况。

（作者：朱瑞平、刘旭，北京师范大学）

国际中文教育教材建设发展报告

一、教材建设历程

中华人民共和国成立后出版的首部对外汉语教材是《汉语教科书》（邓懿，1958），同期国外有保加利亚的《汉语教科书》（朱德熙、张荪芬，1954）等。

改革开放以来，教材建设与国际中文教育同步发展。1987 年，国家汉办成立后大力推动教材研发。截至 2013 年底，孔子学院总部组织开发的中文教材约 3000 册 / 种，含大中小学教材、自学教材与手册、读物、工具书、考试辅导教材、教学标准和大纲等，形成了国际中文教材的基础框架。至 2017 年，孔子学院总部向 170 个国家和地区配送教材 3000 多万册，并通过数字图书馆提供语言文化、人文社科类数字资源。

21 世纪以来，国际中文教材研发表现出新的发展特点和趋势：第一，出版量激增。2000 年前共有教材 1373 册 / 种，占比 13.6%；21 世纪前 20 年，出版教材 8735 册 / 种，占比 86.4%。第二，媒介语种类增多。20 世纪共有 16 种，21 世纪前 20 年增加了 40 多种。第三，少儿教材比例激增。20 世纪出版 242 册 / 种，占比 17.63%；21 世纪前 20 年出版 2883 册 / 种，占比 33.01%。第四，专用教材有所增加。20 世纪占比不到 1%；21 世纪前 20 年，占比超过 5%。截至 2018 年底，国际汉语教材研发与培训基地全球汉语教材库收录使用中的国际中文教材信息共有 17800 多册 / 种，涉及出版国家 40 个，包括教学媒介语 56 种。全球中文教材的发展趋势为：从语言要素为主转为语言、交际及文化相结合，教学法多样化，交际技能细化。

二、国内发展现状

统计 22 个出版社 2019 年的教材信息，结果如下：总计 667 册 / 种，媒介语 16

种（汉、英、韩、法、俄、德、阿拉伯、西班牙、印尼、泰、蒙古、罗马尼亚、捷克、荷兰、波兰、豪萨，双/多语）。

1. 教材与读物

国内共有课堂教材 140 册/种，其中通用中文教材 131 册/种，专用中文教材 9 册/种，教材更加适应新时期中文教学的需求。如北京语言大学出版社的《预科汉语强化教程系列》（6 册）、外语教学与研究出版社的《学在中国·下》（4 册）紧扣《中国政府奖学金本科来华留学生预科教育结业考试大纲》，满足日益增长的来华学历生的需求。适用专业、学历需求的课堂教材有北京语言大学出版社的《专业汉语·科技汉语系列：物理》、华中科技大学出版社的《留学生论文阅读与写作》、暨南大学出版社的《论文写作》等。商务印书馆的《北大慕课教材·汉字》为配套"北大慕课——汉字课"编写，与线上慕课教程同步。

课堂教材更加注重不同年龄段学习者的需求。2019 年研发大学、成人教材 93 册/种，中学教材 29 册/种，小学教材 18 册/种。其中，成人教材如北京语言大学出版社的《速通汉语》、北京大学出版社的《博雅汉语》、人民教育出版社的《会通汉语》、华语教学出版社的《当代中文》（蒙古/波兰/捷克语版）等，中学教材如北京语言大学出版社的《嘿！汉语》《天天汉语——泰国中学汉语课本》等，小学教材如外语教学与研究出版社的《我爱汉语——泰国小学汉语课本》、华语教学出版社的《魅力华文》等。

自学教材和手册有 6 册/种。因为在华中文学习资源相对丰富，所以学习者对该类教材的需求较少。

读物有 454 册/种，占国内各类中文教材总数的 68.1%。其中，少儿读物有 415 册/种，占读物总数的 91.4%。读物内容涉及广泛，含人文、国情、日常/校园生活、科学等，且多为系列分级读物。

2. 工具书与辅助教材

工具书有 7 册/种。如华语教学出版社的《汉英高级汉语用法词典》（插图本）、外语教学与研究出版社的《汉语小词典》（两种），后者为初阶汉法、汉德双向词典，汉语词参照《HSK 考试大纲》和《现代汉语常用词表》高频词，配插图。

考试辅导教材有 36 册 / 种。其中多为 HSK 相关教材，如《HSK 分频词汇》《写字本 HSK》。另有 IBDP 中文、IGCSE/IBDP 模拟试卷等。

教师发展教材有 24 册 / 种。如高等教育出版社的《对外汉语教学法》介绍教学法、教学环节及方法技巧，北京大学出版社的《国际汉语教学从这里开始：中小学国际汉语教学案例与分析》收录 13 国的 60 个真实教学案例。

三、国外发展现状

2019 年，中文教育发展较好、较有特点的 12 个国家、语区的教材情况为：总计 598 册 / 种，媒介语 10 种（汉、英、韩、日、法、德、西班牙、泰、印尼、阿拉伯，双 / 多语）。

1. 教材与读物

国外共有课堂教材 246 册 / 种。通用汉语教材 237 册 / 种，专用汉语教材 9 册 / 种（旅游 3 种，商务 2 种，司法、航空、医学、销售各 1 种），后者如韩国《汉语司法翻译理论及案例》《航空实物中文》等。分年龄段的课堂教材为：大学、成人教材 151 册 / 种，中学教材 24 册 / 种，小学教材 68 册 / 种，学龄前教材 3 册 / 种。成人教材如日本的《汉语新天地》，英语区的《视觉中国阅读教程》（*Eyes on China: An Intermediate-Advanced Reader of Modern Chinese*）、印尼的《原来汉语很容易》（*Ternyata Bahasa Mandarin Mudah*）。中学教材如西班牙的《中国之旅》（*Viaje a China*）、新加坡的《成长》等。小学教材如埃及的《中国研习 1 ～ 6》、法国的《中文：儿童对话指南》（*Chinois: Le Guide de Conversation des Enfants*）、泰国的《快乐学中文》等。

自学教材和手册有 144 册 / 种，数量远超中国国内同类教材，内容多为口语、听力、词汇（含闪卡）、汉字、语法等。如哈珀 · 柯林斯出版集团（Harper Collins Publishers）的《跟保罗学汉语 · 中级》（*Next Steps in Mandarin Chinese with Paul Noble for Intermediate Learners*）、德国的《商务汉语听说》（*Chinesische Handelskorrespondenz*）等。

读物有 113 册 / 种。其中，少儿读物 96 册 / 种，内容多为文学故事，有纸质读物、电子书和录音读物等。如新加坡圣智出版公司（Cengage）的"中文世界儿童阅读文库"分为 10 个等级，含故事、科普和中国文化，出版 50 册 / 种，主要在美国、印尼、菲律宾发行。

2. 工具书与辅助教材

工具书 17 册 / 种。多供成人使用，词典最多，还有语法、汉字方面的工具书等，其中 2 册 / 种为儿童图片词典。

考试辅导教材有 73 册 / 种，以词汇及模拟考试练习为主。HSK 的辅导教材最多，如《HSK 3 级写作训练》（*Easy Writing HSK 3 Full Chinese Simplified Characters Vocabulary*）、《新 HSK 1 级必过》（新 HSK 1 級 必ず☆でる単スピードマスター）；也有涉及 YCT 的辅导教材，如《Dream 汉语 YCT》（드림중국어 YCT）。其他考试类教材如《AP 中文词汇 2019 版》（*AP Chinese Vocabulary Book Version 2019*）、《中検 3 級筆記問題徹底対策 1000 問》、《IB 中文 B（HL）强化训练》（*IB Chinese B (HL) Chinese Intensive Revision*）。这类考试辅导教材跟中学教材有重叠，如剑桥大学出版社的《剑桥 IGCSE™ 中文作为第二语言》（*Cambridge IGCSE™ Chinese as a Second Language*）系列，是参照 IGCSE 中文二语考试大纲的课堂教材。

教师培养教材有 5 册 / 种。有教学指南类，如"*Primary Chinese Teaching Toolkit*"；也有教学、学习者研究类，如"*Teaching Chinese as a Second Language: The Way of the Learner*"。

四、教材建设特点

第一，与海外版教材相比，中国版教材中，读物、教师培养类教材的比例较高。与中国版教材相比，海外版教材中，课堂教材、自学教材和手册、工具书、考试辅导类教材的比例较高。中国版教材与海外版教材互为补充。

第二，少儿教材占课堂教材的 33.4%，少儿读物占读物的 91.1%。海外少儿学习者多，中文进入 60 多个国家的国民教育体系，使得海外版少儿教材的比例明显高于中国版教材。

第三，“中文＋职业技能”教材增加。为适应“一带一路”建设需求，“中文＋职业技能”教材是今后教材发展的增长点。如英国劳特利奇(Routledge)的《学以致用：中高级职场汉语》、泰国孔敬大学孔子学院的《到中国学技术》（含铁路、物流、电商），以及中国外语教学与研究出版社的《警务汉语》、新学林出版社的《空服汉语》等。非洲一些孔子学院/课堂的自编教材（未出版）也属此类，如：纳米比亚大学孔子学院的《导游教材》、塞舌尔大学孔子学院的《塞舌尔航空汉语》《塞舌尔旅游汉语》、塞拉利昂大学孔子学院的《护士汉语》等。中国国家开放大学出版社策划的《工业汉语》系列教材中，《焊接技术》分册已在赞比亚试用。

第四，以往教材匮乏区的教材增加。阿拉伯语区有埃及希特迈克文化投资公司（Bayt Alhekma Cultural Investment Company）和中国华东师范大学出版社合作出版的《中国研习·1～6年级》（汉、阿双语版）、阿联酋教育部推广的中学教材《跨越丝路》(未出版)。非洲出现孔子学院/课堂自编教材(见上段)，莫桑比克出版《文学里的人生》。中国香港快捷汉语国际教育出版社的8国语言点读教材《小李的故事》，在哈萨克斯坦国际学校广泛使用。

第五，教师培养教材受重视。这类教材以教学法、案例、教学技巧为主，如《甘老师的教学法宝》《国际汉语教学游戏50例》。为适应专业建设，缓解教师不足的状况，北京语言大学出版社、北京大学出版社等正在编写多个系列的教师培养教材。

第六，教材研究内容不平衡。在“中国知网”上通过关键词检索，查询到国际中文教材论文113篇：介绍出版的9篇，研究中华人民共和国成立前、成立后的教材的论文数量分别为6篇、98篇。98篇论文中，研究中国大学教材的居多，研究中小学教材的6篇，研究读物的3篇，研究海外教材和本土化教材的11篇，研究专用汉语教材的8篇，比例都偏少。

第七，未来发展方向更加明确。未来研发的教材应重点关注本土性、适龄性、专用性（专业、职业），重视网络教育资源建设，适应全球中文教育需求。研究者应结合教学实践，及时吸收、消化全球二语教学习得研究与教材研究成果，注重教材的科学建设和使用实效。

（作者：周小兵，北京语言大学；王喜，华东师范大学）

中文水平测试发展报告

2019年是国际中文教育的新起点，也是中文水平测试的重要历史节点和全新发展开端。汉语水平考试（HSK）自1984年开创以来已走过35年，自2004年孔子学院在全球陆续设立，HSK等汉语考试适应需求、蓬勃发展，也已历经15载。汉语水平考试站在新的历史起点上，从“汉语”到“中文”，从“考试”到“测试”，不仅仅是文字表述的简单变化，更体现了新时代国际中文教育回归本质、“语”“文”并重，关注结果、更重过程，向体系化测试发展的崭新面貌和深刻理念。2019年，汉语水平考试（HSK）成为继英国雅思（IELTS）、美国托福（TOEFL）之后的第三大语言考试品牌，“面向世界、不断创新”始终是中文水平测试不断前进、持续发展的关键。

一、发展现状

2019年，中文水平测试已发展成为种类、功能日臻完善的全球中文测试体系，具体包括以汉语水平考试（HSK）为龙头，汉语水平口语考试（HSKK）、中小学生汉语考试（YCT）、商务汉语考试（BCT）、医学汉语水平考试（MCT）在内的系列汉语考试，以及由中文课堂测试、模拟诊断测试和海外中文测试认证[①]构成的中文测试系列。1990年，HSK考试第一次实施，391人参加。2004年，孔子学院创办时，HSK考点已发展至33国61个，当年考生3.2万人次。2019年，全球中文考点增至150国1229个，当年品牌汉语考试的考生80.8万，参加各类中文测试的考生达750万人次。

本文选取2019年参加HSK 1～6六个级别考试的448406名考生数据作为样本

---

① 目前由中国教育部中外语言交流合作中心认证的海外中文测试包括中国香港组织实施的OCT中文口语测试及韩国组织实施的HNK汉字能力测试。

（试卷信度 α：0.905 ～ 0.941），研究分析当年中文水平测试的整体状况。结果发现，HSK 考试发展迅速，但在地区分布、年龄分布、水平分布三个方面存在发展不平衡的问题，折射出国际中文学习的现状。

从地区分布看，2019 年 HSK 考生亚洲（不含中国）最多，占全球考生的 62.9%，欧洲考生占 8.9%，非洲考生占 3.7%，北美洲考生占 2.0%，南美洲考生占 1.1%，大洋洲考生占 0.5%，这反映出中文水平测试发展的不平衡状态。2019 年，当年考生人数超过 10000 的国家（不含中国）有 7 个，当年考生人数在 5000 ～ 10000 的国家有 5 个（见表 1）。除众所周知的历史文化因素外，本文分别利用已公布的 2018 年来华留学生人数、与中国的双边贸易量数据，对上述 12 国的考生人数进行相关统计分析。结果发现：来华留学生人数和双边贸易量均与 HSK 考生人数呈现显著正相关（$p < 0.001$），R 系数分别为 0.815 和 0.494。

表 1　2019 年部分国家 HSK 考生人数及合格率统计

国家	考生总人数	HSK 1 级		HSK 2 级		HSK 3 级		HSK 4 级		HSK 5 级		HSK 6 级	
		人数	合格率	人数	合格率	人数	合格率	人数	合格率	人数	合格率	人数	合格率
韩国	102638	5233	95.26%	8349	93.75%	15313	79.66%	25319	66.84%	28261	62.25%	20163	64.82%
中国	93738①	2265	95.01%	3896	92.35%	9997	80.59%	37411	64.76%	24630	70.01%	15539	66.74%
泰国	50874	8194	71.15%	10826	70.76%	11431	57.96%	11556	51.22%	7697	47.84%	1170	55.13%
日本	29836	2674	95.55%	4125	94.38%	6065	91.38%	6825	76.92%	6161	65.98%	3986	59.96%
越南	21003	454	97.36%	2481	92.66%	6614	85.53%	6989	83.63%	3749	78.37%	716	72.07%
印尼	16612	3617	87.84%	4190	90.67%	3890	83.29%	3056	73.53%	1541	71.06%	318	77.99%
缅甸	11947	1372	98.10%	2468	95.58%	2146	90.63%	2397	83.35%	1659	81.68%	1905	81.15%
菲律宾	11655	3789	65.29%	3250	66.58%	2870	55.16%	1155	41.30%	338	52.07%	253	77.47%
俄罗斯	8162	1712	94.98%	1983	92.54%	1923	82.79%	1452	67.22%	934	56.96%	158	48.10%
意大利	6732	1945	94.91%	1927	95.23%	1365	81.90%	841	80.98%	439	72.67%	215	81.40%
法国	5724	1344	94.20%	1798	88.38%	1484	70.96%	643	63.30%	328	66.46%	127	68.50%
巴基斯坦	5203	2598	77.60%	1425	77.33%	768	51.43%	315	33.33%	84	55.95%	13	15.38%
美国	5120	931	87.86%	1007	90.07%	996	74.60%	1317	71.15%	645	69.46%	224	84.38%

数据来源：汉语考试服务网（www.chinesetest.cn）

① 在中国国内参加 HSK 的主要为来华留学生、在华工作者等外国人。

在年龄分布方面，2019 年 HSK 全球考生的平均年龄为 21.71 岁，标准差为 7.97，年龄最大的 88 岁，最小的 6 岁，24 岁（含）以下的占 75%，整体较为年轻，呈现右偏态分布。HSK 1 级考生的平均年龄为 18.85 岁，2 级平均 19.36 岁，3 级平均 21.22 岁，4 级平均 22.37 岁，5 级平均 23.58 岁，6 级平均 24.02 岁。另外，YCT 考生的平均年龄为 12.88 岁，15 岁（含）以下的占 84%。

从成绩和中文水平分析，HSK 合格率既存在国别差异又存在级别差异。以 12 个样本国家为例，缅甸、越南、意大利、印尼各级别合格率均高于全球平均合格率；美国除 HSK 3 级、日本除 HSK 6 级外，两国其余级别合格率均高于全球平均值；HSK 5 ～ 6 级，法国合格率高于全球平均值，俄罗斯、韩国合格率低于全球平均值；菲律宾、巴基斯坦、泰国各级别合格率低于全球平均合格率 9 ～ 50 个百分点（菲律宾 HSK 6 级除外）。这体现了各国中文教育在历史传统、学生基础、师资水平、课程质量，以及当地政府重视程度等方面的差异。另外，HSK 各级别合格率逐级下降，从 1 级的 86.28% 下降至 5 级的 64.77%，6 级合格率又略升至 67.13%（见图 1），基本符合中文学习规律和水平考试梯度设计，6 级合格率反弹原因有待进一步研究。

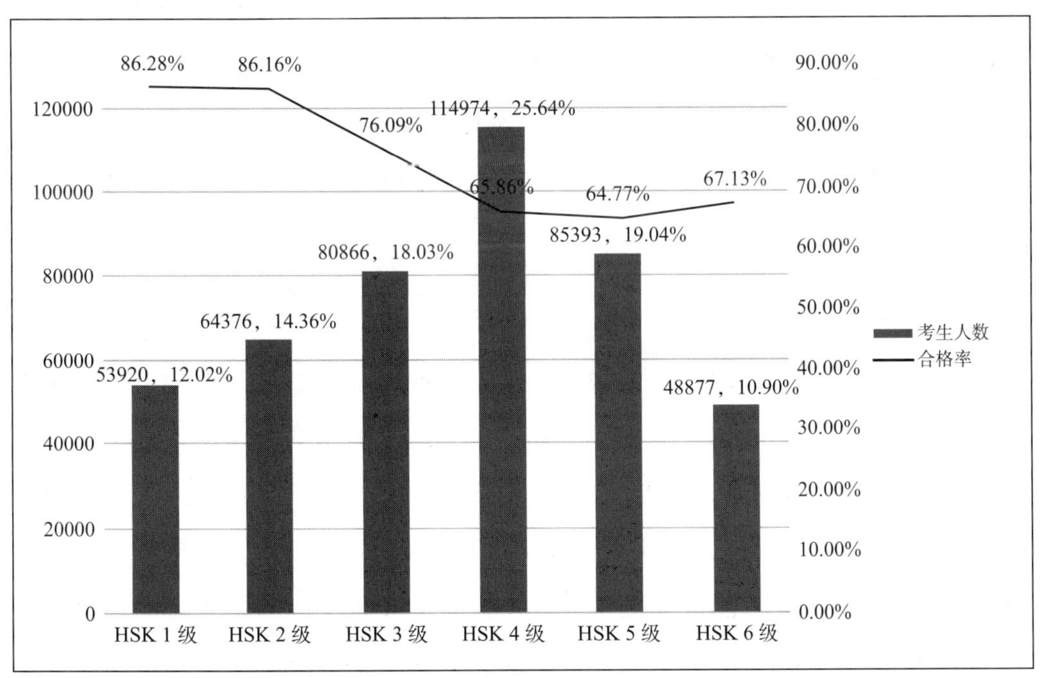

数据来源：汉语考试服务网（www.chinesetest.cn）

图 1　2019 年 HSK 各级别考生人数及合格率

从级别分布看，低等级考试在海外较受欢迎，HSK 1 ～ 4 级考生占 70.05%，反映出目前海外学习者的中文水平仍普遍处于中低水平的客观现实；HSK 3 ～ 5 级考生数量占据前三，多与留学中国的最低汉语水平要求，以及中国高校普遍采用 HSK 4 级或 5 级作为留学准入门槛有关。

二、发展理念

1. 以学习者为中心

伴随着中文水平测试人数的不断增加，“以学习者为中心”的考试发展理念对教与学起到了积极的促进作用。第一，中文水平测试不仅是结果性评估，而且成为中文学习过程性评估和阶段性评价的重要手段，可以帮助中文学习者弥补不足，提升学习效果。2019 年，参加中文课堂测试、模拟诊断测试的学习者达 670 万人次。第二，在命题和课程开发各环节，中文水平测试努力营造真实的中文学习环境，鼓励学习者“学以致用”。2019 年，HSK 考试涉及了包括日常生活、职业工作、教育文化、科技自然等 10 大类主题的 47 个话题，全面展示了中国社会生活的方方面面。以这些话题为基础编制的课程，学习者超过 125 万人。第三，中文水平测试为学习者搭建了一座沟通中外的桥梁。据不完全统计，2019 年，通过 HSK 留学就业展了解中国的外国人达 15 万，通过中文水平测试来华留学的学生达 39.8 万，来华工作的外国人超过 50 万。

2. 突出中文特色

学者们普遍认为语言能力极为复杂，又十分抽象。2019 年，张厚粲指出，抽象的“语言能力”在具体的时空中总是表现为一定的“语言水平”。以 HSK 考试为例，该考试主要通过各级别能力描述，以及汉语词汇、任务话题、语法功能三个维度来描述六个级别的水平，如 HSK 1 级要求学习者掌握 150 词、3 个主题 15 个话题、8 个语言任务和 40 个语法点，6 级要求学习者掌握 5000 词以上、9 个主题 47 个话题、14 个语言任务和 23 个语法点，这些都体现了汉语的基本特征。新时代要求中文水平测试在继承中发展，要求更充分地体现中文特色，要求更多维、更准确地描摹第二语言学习者的中文水平，新的中文教学与测试标准呼之欲出，即将发布的《国际中文教育中文水平等级标准》[①]突出中文特色，通过以音节、汉字、词汇、语法“四维基准”构成的语言量化指标（音节共 1110 个、汉字 3000 个、词汇 11092 个、语法 572 条）、言语交际能力、话题任务内容三个维度，以及中文听、说、读、写、译五项语言技能，准确标定“三等九级”的具体水平，即初、中、高“三等”和 1 ～ 9 九个级别。未来，《国际中文教育中文水平等级标准》将统一指导国际中文教学、学习、测试和评估工作，以适应新时代国际中文教育发展趋势。

3. 科研与智能引领

各项中文水平测试始终坚持“科学技术是第一生产力”的思想。第一，2019 年，设立“汉考国际科研基金项目”17 个，继续推动基础研究和技术开发工作，牵头中国国家语委重点课题 2 项。第二，国际中文命题平台及数字化题库系统通过网络命题、智能组卷的“云命题”方式，在高效运行 6 年中加密入库中文试题 12 万道。第三，截至 2019 年底，利用网络云平台技术在全球设立 489 个网络考试考点，网考覆盖率达 40%；在远程阅卷和机器阅卷的基础上，推出 HSK 在线模拟诊断系统，自动诊断中文水平，有针对性地帮助中文学习者改善学习方法，当年有 15775 人使用该系统。第四，2019 年，除通过传统电子邮件进行报名和考务咨询外，广泛应用多语种智慧客服“小能”，全年自动回复各类信息 11940 条；引入人脸识别技术，识别考生身份，以保证考试公平，确保考试安全。

三、国际合作

随着中文在全球的广泛运用和学习者的日益增多，部分国家或国际教育组织制定了中文标准，一些国家将中文纳入国民教育体系，实施中文测试，甚至将中文作为“高考”科目。这些中文测试满足了世界各地中文学习者的多样化需求，已成为中文测试大家庭中的重要成员，与 HSK 等中文水平测试形成互为补充的良好生态。

---

① 《国际中文教育中文水平等级标准》已于 2021 年 3 月发布，作为国家语委文字规范自 2021 年 7 月 1 日正式实施。

1. 标准对接

为更好地服务全球中文学习者，中文水平测试的主办方、实施者和合作伙伴将一如既往地与国际教育机构及各国教育部门开展合作，促进不同中文标准的国际对接，以及与《国际中文教育中文水平等级标准》的互认。

2. 测试认证

中文水平测试积极与各国专业考试机构进行合作，开展中文测试双向认证。2019 年，HSK 考试与韩国汉字能力鉴定考试（HNK）开展双向认证，考生达 2591 名；HSK 考试与马来西亚高中教育文凭（SPM）中文考试进行互认试测，739 名考生参与。未来，中文水平测试还将与更多国家和地区的中文测试开展双向认证。

语言是沟通、交流的桥梁和纽带，各国中文学习需求持续旺盛，越来越多的外国朋友通过学习中文认识中国，感受中国文化，这一趋势必将带动中文水平测试的规模持续增长。在“以学习者为中心”“突出中文特色”“科研与智能引领”的理念指导和实践推动下，中文水平测试满足了各国中文学习需求，保障了国际中文教育的质量。未来，中文水平测试还将进一步发挥评价导向作用，不断完善标准和测评体系，使中文水平测试更加科学开放、便于实施，成为分级分类开展中文教学、因材施教的有效工具，成为不断提升国际中文教育质量的有力保障。

（作者：李佩泽、黄蕾、李玲玉、肖媛、解妮妮，汉考国际）

孔子学院发展报告

孔子学院是中外合作建立的非营利性教育机构，致力于适应世界各国（地区）人民对中文学习的需要，增进世界各国（地区）人民对中国语言文化的了解，加强中国与世界各国（地区）的教育交流与合作，促进世界多元文化发展，构建和谐世界。多年来，孔子学院在世界各地开展中文教学，培训中文教师，提供中文教学资源，开展中文考试和中文教师资格认证，提供中国教育、文化等信息咨询，已成为备受认可的全球性的语言学习机构。根据教育部中外语言交流合作中心的统计数据，本文将对孔子学院在 2019 年度的发展状况进行回顾与分析。

一、机构设置

1. 总体情况

孔子学院作为中国在海外设立的帮助各国（地区）人民学习中文和了解中国文化的非营利性教育机构，是语言沟通和文化理解、文明互鉴的桥梁。孔子学院为促进中外人文交流、推动海外中文教学发展、实现多元文化交融与民心相通提供了良好的平台，做出了应有的贡献。

从 2004 年第一所孔子学院问世至 2019 年，已超过 15 年。如图 1 所示，2010 年，孔子学院总数首次超过 300 所，其后的五年间又以每年 40 所左右的增速高速建设。2015 年，孔子学院总数突破 500 所，并在此后步入平稳发展期。在第二个五年间，孔子学院的建院数量逐步放缓，而高质量的内涵式发展成为孔子学院建设的主要方向。

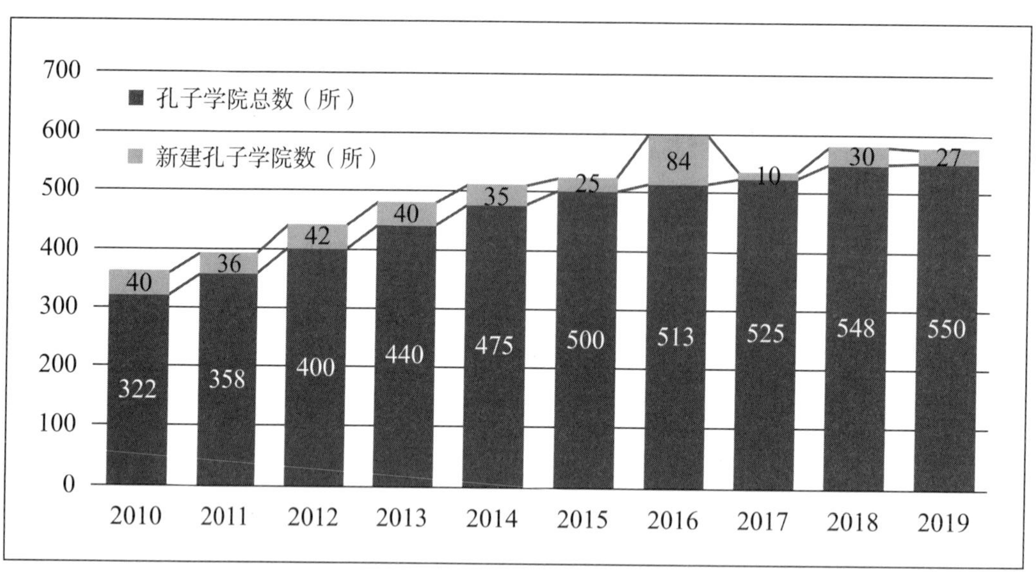

数据来源:中国国际中文教育基金会

图 1　2010—2019 年孔子学院建设情况

多元化模式成为近年来孔子学院发展的重要特征。表现为:第一,合作对象多元化。不同于其他国家的语言推广机构,孔子学院的一大特色是中外合作办学,其合作对象既有学校,又有政府、企业和社会团体等。第二,受惠对象多元化。孔子学院开展活动的对象既有学生学员、教师同行、专家学者,也有行业精英和社区普通民众,受惠对象的年龄、职业多种多样。由此,孔子学院在实践中发展出不同的特色项目,每种特色项目都面向不同的合作对象或受惠对象,以满足他们的不同需求。

2. 区域特点

2011—2019 年,孔子学院与孔子课堂的区域发展有如下特征:

(1)欧洲地区孔子学院的建设数量始终处于最高位阶,孔子课堂数量相对均衡,两者皆处于高速增长态势。

(2)美洲地区孔子学院的建设数量亦处于较高位阶,与欧洲不相上下;孔子课堂数量则处于最高位阶,较其他地区的总和还多,偶有少量回落,但仍占据孔子学院或课堂总数的高位。

（3）亚洲地区孔子学院的建设数量处于中间位阶，但发展势头迅猛；孔子课堂的数量虽处于中下位，但也呈稳步递增态势。

（4）非洲地区孔子学院与孔子课堂的建设数量皆处于中下位，但近年来发展势头迅猛。

（5）大洋洲地区国家数目不多，孔子学院与孔子课堂的建设数量皆在底位，但其发展相对平稳，孔子课堂的数量更呈明显增长态势。

综合来看，孔子学院或孔子课堂在欧美的发展虽偶有波折，但当地对国际中文教育的需求仍然巨大，合作与交流仍为主流；亚洲与大洋洲的孔子学院或孔子课堂总体发展较为平稳，且根据当地特殊需求设置了特色孔子学院或孔子课堂；非洲与中国在政治和经贸方面往来密切，只是语言文化交流尚且不足，应成为孔子学院未来的发展重心。

各区域孔子学院和孔子课堂的发展情况见图 2 和图 3。

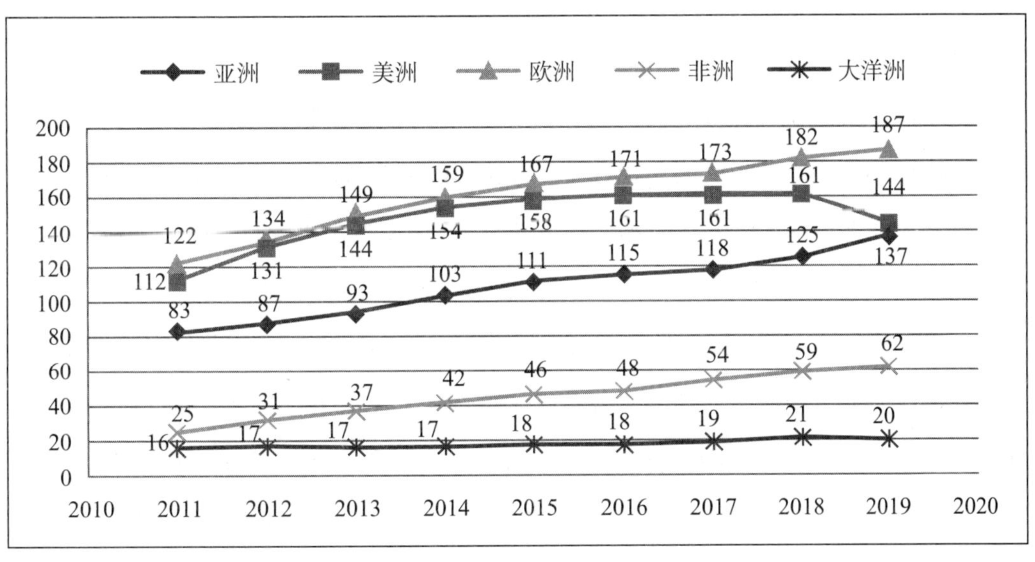

图 2　各区域孔子学院发展情况

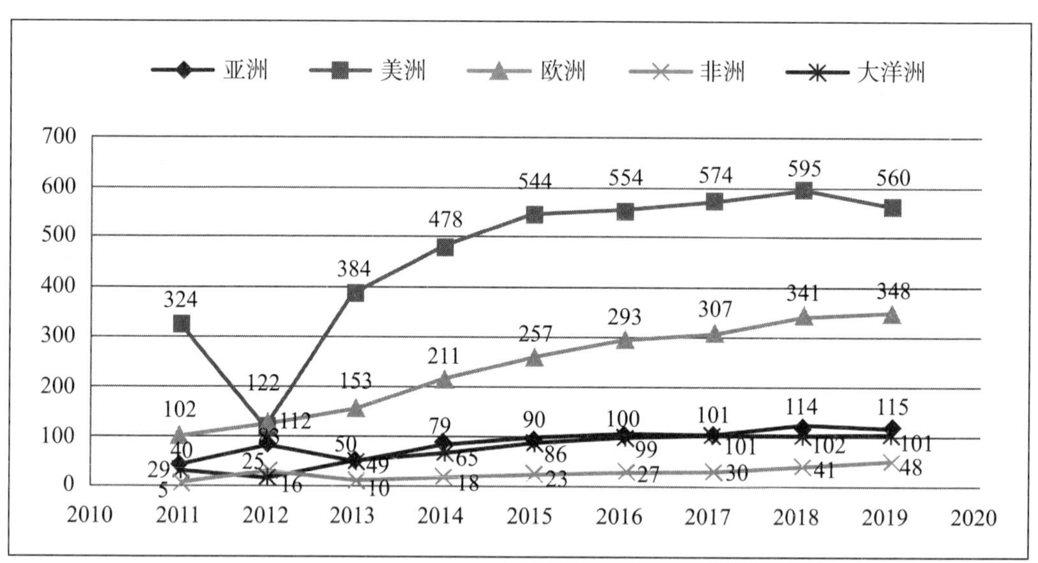

图 3　各区域孔子课堂发展情况

2019 年，孔子学院和孔子课堂的分布情况如下：孔子学院在 152 国（地区）共设立 550 所，其中亚洲 37 国（地区）137 所，占比 25%；非洲 45 国（地区）62 所，占比 11%；欧洲 41 国（地区）187 所，占比 34%；美洲 24 国（地区）144 所，占比 26%；大洋洲 5 国（地区）20 所，占比 4%。孔子课堂在 93 国（地区）共 1172 个，其中，亚洲 24 国（地区）115 个，占比 10%；非洲 20 国（地区）48 个，占比 4%；欧洲 31 国（地区）348 个，占比 30%；美洲 13 国（地区）560 个，占比 48%；大洋洲 5 国（地区）101 个，占比 8%（具体见图 4）。孔子学院各类面授学员共计 181 万人，是 2009 年的 5 倍；网授学员为 168.8 万人，较 2018 年翻了一倍。可以看到，学习者学习中文的路径选择呈多样化态势，教学方式也更加丰富。孔子学院经过不断发展建设，已经可以较好地满足不同学习者的个性化学习需求。

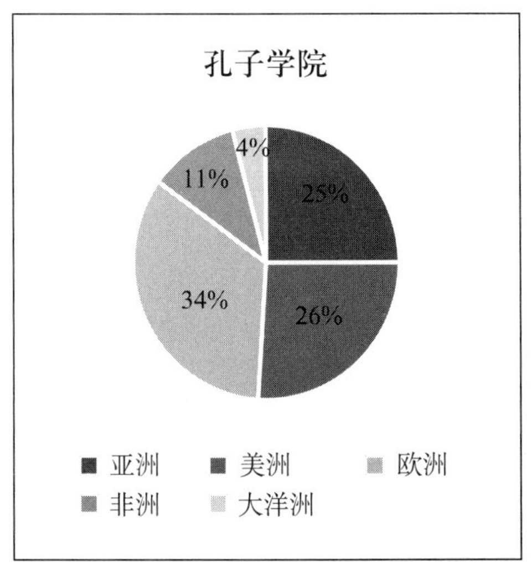

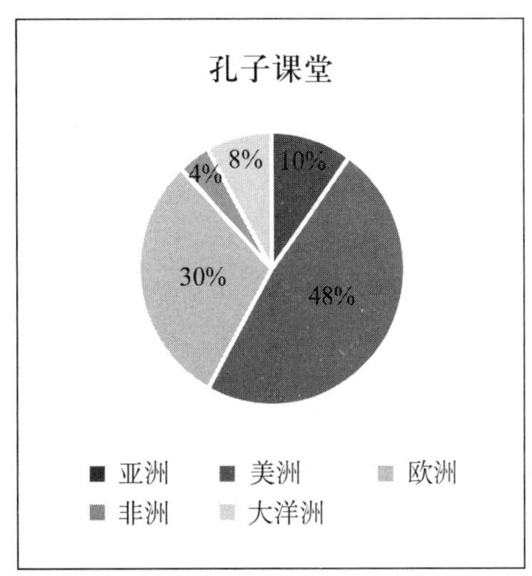

图 4 2019 年孔子学院与孔子课堂的区域分布

从数据上来看，孔子学院和孔子课堂在欧美的分布数量仍约占其总数的三分之二，在亚洲的发展势头目前已紧逼美洲，呈后来者居上态势，在非洲的发展也初显规模。

自 2013 年孔子学院开始实施示范孔子学院项目以来，全球已经建设了 48 所示范孔子学院，其中欧洲就占了 19 所。截至 2019 年，英国建立了 30 所孔子学院、165 个中小学孔子课堂，分别占全球孔子学院和孔子课堂总数的 5.5% 和 14.0%，总量位居欧洲第一、世界第二。

值得注意的是，近年来孔子学院在欧美开始面临发展困境，西方媒体对孔子学院的关注整体上在增加，误解也在不断增加。2014 年以来因误解导致的负面评价有所上升。误解主要集中于对孔子学院办学意图、办学影响及办学前景等方面认知上的偏颇，一些质疑声也给当地孔子学院的工作带来一定困扰。但是，在亚洲和非洲，孔子学院和孔子课堂的发展态势喜人，亚洲的中文教育历史长，基础较好，“一带一路”国家和地区的需求目前在进一步扩大，“中文 +”等特色项目成为东南亚诸国对孔子学院发展的新需求。非洲的中文教育基础虽然薄弱，孔子学院数量全球占比偏低，但 80% 的非洲国家都设立了孔子学院，各国孔子学院的特色更加鲜明，将中文纳入国民教育体系的呼声越来越高，孔子学院在非洲的发展势头越来越好，发展前景广阔。

二、教学模式

1. 大纲落地项目

为满足世界各国对中文教学内容规范化的需求，2008 年，孔子学院总部 / 国家汉办颁布《国际汉语教学通用课程大纲》，并在随后的五年间将其翻译成 45 种文字，对世界各地的孔子学院（课堂）及国外大中小学等各类中文教学工作进行指导。《国际汉语教学通用课程大纲》是对汉语作为第二语言课程目标与内容的梳理和描述，旨在为汉语教学机构和教师在教学计划制订、学习者语言能力测评和教材编写等方面提供参考依据和参照标准。为适应国际汉语教学形势的新变化，及时总结汉语教学的研究成果，更好地规划和指导汉语教学课程设计、教材编写、能力评价等工作，《国际汉语教学通用课程大纲》修订工作于 2013 年开始启动。

为使中文教育顺利有效地被更多国家纳入其国民教育体系，实现国际中文本土化的目标，同时解决《国际汉语教学通用课程大纲》无法直接海外落地的难题，北京语言大学孔子学院事业部以《国际汉语教学通用课程大纲》为核心指导，从全球范围内选取具有典型代表性的重要国家，并从其本土中小学汉语教学实际入手，研发具有国别性和实用性的《国际汉语教学通用课程大纲及课程规划》。通过海外官方教育渠道，将中国的汉语教学标准、教学模式、教学方法和海外汉语教学有机结合，并通过海外官方教育渠道，将中国成熟的汉语教育标准、教学模式、教学方法和教学资源引入海外国民教育体系。

到 2019 年底，本项目已开展的国家包括全球六大洲的十个国家，如北美洲的美国、加拿大，南美洲的智利，欧洲的西班牙、保加利亚，大洋洲的新西兰，非洲的喀麦隆、赞比亚，亚洲的泰国、吉尔吉斯斯坦。目前所取得的成果包括《美国幼儿园至小学五年级汉语教学课程大纲》《美国中学 6 ～ 12 年级汉语教学课程大纲》《智利中学一到四年级汉语教学大纲》《喀麦隆初三初四阶段汉语教学大纲》《新西兰任务型中文教学大纲》《赞比亚中学汉语教学大纲》等。

“《国际汉语教学通用课程大纲》海外落地项目”紧贴项目目标国的外语 / 中文教学要求，保留《国际汉语教学通用课程大纲》的科学体系与核心内容，同时采用当地民众喜爱、中小学接受、官方支持的编写模式，最终作为大纲层级下的子级目录进入海外国民教育体系，让海外中文学习者，尤其是中小学生，在本国教育体系中可以更加科学、系统地学习中文，感受中国文化的魅力。《国际汉语教学通用课程大纲》顺利落地海外，将有利于培养海外知华友华的新一代，于潜移默化中树立中国形象，扩大中国的海外影响力。

2. 网络孔子学院

网络孔子学院（www.chinesecio.com）是孔子学院总部于 2008 年搭建的网络孔子学院远程汉语网络教学系统，旨在充分利用互联网、大数据、人工智能等新技术和新模式，实施互联网教学工程，为全球中文学习者搭建网络学习平台，为中国文化爱好者提供更多的文化资源。网络孔子学院目前已有中文学习、中文考试、中国概况、传统文化、教师培训、职业中文、专家讲座等 8 大类 143 门 5500 多节慕课、微课，集点播课、直播课、互动教学、智慧教学工具、课程管理系统于一体，提供教、学、考、培多层次的服务，可最大限度地满足全球中文学习者随时随地进行学习的需求。

截至 2019 年底，网络孔子学院的注册学员达 168.8 万人，累计访问量 1202 万，开课教师 4000 余位，在线课程 30 多万节，学习课件已超过 7000 个。像“汉语 900 句”网站，还提供了包含英、法、俄、西、韩、日、阿、缅等 19 种语言，为国际中文学习者使用网站提供了便利。

3. “中文 +”

近年来，随着各国对中文人才需求的多样化，孔子学院的中文教学目标、教学内容、教学模式等也开始发生变化。越来越多的国家需要“中文 + 技术”“中文 + 商贸”等的复合型人才。孔子学院与时俱进，及时推出了系列“中文 +”特色项目，助力各国复合型人才的培养。

例如，日本关西外国语大学孔子学院开设了“空乘汉语”课程，该课程始于 2017 年，受众对象是未来打算在航空领域就职的、通过汉语水平考试（HSK）4 级及以上的关西外国语大学学生。试点课程每学期 30 个名额，课程一经推出，名额即被一抢而空。截至 2019 年秋季学期，“空乘汉语”课程已连续开办了 3 年 6 个学期，班次也由 1 个增加到 2 个，参加课程的学生数达 180 余人。同时，该孔院紧密围绕就业主题，将汉语学习与就业密切结合，陆续增设了商贸汉语、医疗汉语、全球职业规划研究等特色中文课程。

2019 年，国际中文教育大会也首设“中文 + 职业技能”论坛，邀请中外企业与教育专家共同讨论如何开展就业创业对接。与会代表各抒己见，就“中文 +”项目的可持续发展等话题展开了热烈的讨论，讨论成效初显。目前，全球共有 40 多个国家的 100 多所孔子学院开设了“中文 +”课程，涉及高铁、经贸、航空等数十个领域。未来，“中文 +”项目将通过不断创新与发展，为各国学员提供更多中文职业的教育机会。

三、多语种期刊

《孔子学院》多语种期刊是孔子学院总部 / 国家汉办主办的系列出版物。2009 年 3 月，中英文对照版《孔子学院》率先创刊。为进一步丰富内容，拓展国际化视角，满足各国学习中文和了解中国文化的多元需求，2010 年开始，西、法、俄、阿、德、葡、意、日、韩、泰等 10 种文字与中文对照的双语版《孔子学院》期刊相继创刊。截至 2019 年底，各语种的《孔子学院》每期全球发行 20 万册左右，是最初发行量的 7 倍；公开发行到 160 多个国家和地区，较 2018 年增加 20 国，较 2014 年增加 40 国，读者超过 100 万人。《孔子学院》多次亮相法兰克福书展、巴黎语言展、摩洛哥国际语言节等国际一流展会，受到当地主流人群的关注与欢迎。

《孔子学院》期刊主要介绍中华文化，报道孔子学院活动，介绍中文教学与学习，讲述中外人文交流故事等。作为国内唯一拥有多文种独立刊号并实现本土编辑、出版和发行的刊物，《孔子学院》在“走出去”期刊中独树一帜，成为跨文化交流的亮丽名片，是各国人民学习中文、了解中国的鲜活教材。2016 年，《孔子学院》被中国期刊协会、中国期刊年鉴杂志社、中国期刊交易博览会评选为“最美期刊”百强。2017 年，11 种中外文对照《孔子学院》双语期刊随中国新闻出版广电总局首次组织的“中国杂志”活动亮相法兰克福书展，得到热烈好评和积极反馈。在做好纸刊、探索“走出去”的同时，《孔子学院》积极探索媒体融合转型，并打造“互联网+”线上线下互动运作模式，完成院刊网、院刊微信公众号、院刊APP整合，实现“一次发布，多平台显示”“纸媒为体、网站和新媒体为两翼”的目标和规划。

2019年，孔子学院仍保持良好、平稳的发展态势，在聚焦中文教育主业的基础上，办学方式与教学模式更加多元。目前的孔子学院正处于内涵发展、深度融合、品牌提升的关键时期。未来，孔子学院将聚焦语言主业，积极融入本土，推进并强化教育属性，同时也将通过拓展资金及资源来源渠道、推进体制机制改革等方式提质增效。我们将通过政策指导方案和统筹协调，整体支持孔子学院的升级转型发展；通过设立国际性民间基金会和中外语言交流合作中心，促进孔子学院作为全球公益教育品牌的民间化、市场化运作，使孔子学院朝着内生型、本土化的方向进一步实现转型升级发展。

未来，孔子学院的发展将对国际中文教育本硕博学科体系的完善做有益补充，支持中国高校创办国际中文教师学院，会同相关部门研究制定提高中方外派中文教师及志愿者待遇的政策，支持中外专家联合实施精品教材工程，完善细化国际中文教育系列标准，完善国际中文教师资格标准，继续支持和鼓励中国及世界各国各类学校、企业、社会组织及个人积极参与，特别是支持和鼓励中外高校通过共同创办基金会等多种方式，更多地参与孔子学院建设与国际中文教育工作，更好、更充分地发挥孔子学院的办学主体作用。

（作者：陈丽霞，北京语言大学）

第三部分　区域报告

亚洲国际中文教育发展报告

一、总体情况

2019年的亚洲国际中文教育可以用“热”“新”两个关键词语概括。“热”即“中文热”持续，有增无减；“新”即国际中文教育在提质增效、转型升级中多有创新。具体表现为：

1. 将中文纳入国民教育体系的国家继续新增

截至2019年底，全球有69个国家（地区）以政策法规形式将中文作为其国民教育的重要内容纳入国民教育体系：有的国家将中文列为大学入学考试的外语科目之一，有的国家则将中文置于从学前教育到高等教育完整的外语教育体系中。纳入国民教育体系，彰显了中文的国际地位，将完善中文体系标准提到议事日程。

继日本、韩国、菲律宾、泰国、马来西亚、新加坡等国后，2019年又有沙特阿拉伯、阿联酋、格鲁吉亚等国家首次宣布将中文纳入其国民教育体系。沙特阿拉伯于2月23日宣布将中文纳入沙特王国所有教育阶段的课程中，以使该国教育更具多元性；阿联酋宣布自2019年9月开始，该国境内从幼儿园到高中约60所公立学校正式启动中文课程，同时阿联酋教育部还计划于2019—2020年招聘150名中文教师，并将中文教学推广至200所公立学校；2019年初，中格两国在第比利斯签署了《关于促进中文教育的合作备忘录》，正式确定将中文教学纳入格鲁吉亚国民教育体系。

2. 孔子学院及孔子课堂增设、新设踊跃

孔子学院及孔子课堂在地理空间上继续扩大，“一带一路”沿线国家增设或新设踊跃。截至2019年，亚洲共有37个国家（地区）建立了137所孔子学院，24个

国家（地区）设立了 115 个孔子课堂。

2019 年，全球共新设孔子学院 27 所、孔子课堂 66 个，其中亚洲有 4 所，分别为朝鲜的平壤外国语大学汉语中心、马尔代夫的维拉学院汉语中心、沙特阿拉伯的吉达大学孔子学院、东帝汶的东帝汶商学院孔子课堂。在 2019 年 12 月召开的国际中文教育大会上，印度尼西亚、菲律宾、格鲁吉亚、沙特阿拉伯、马尔代夫、东帝汶等举行了签约新设孔子学院和孔子课堂仪式。

3. 中文学习者数量持续攀升

2019 年，中国 GDP 达 98.7 万亿，继续稳固世界第二大经济体地位。经济的快速发展，综合国力的稳步提升，使得海外对中文人才的需求不断增长。同时，在亚洲，参与“一带一路”建设的国家越来越多，进一步推动了国际中文教育的发展。

2019 年，学习中文的刚性需求者持续增加，学习者数量屡创新高，全球中文学习者已突破 1.5 亿。亚洲的马来西亚中文学习者超过 60 万，2019 年，该国仅马来亚大学孔子学院注册学员数就达 1.2 万人；此外，泰国的中文学习者超过 100 万，日本突破 200 万，而韩国更是突破 1000 万，学习者数量位居全球之首。

综观中文学习者，有几个显著性特征：（1）由个人爱好转向个人发展需求，学好中文以提高个人职场竞争力的意识增强，刚需者越来越多；（2）“中文 +”需求突显，尤其是“中文 + 职业技能”需求呈井喷式增长，显示培养“中文 +”复合型人才，特别是“中文 + 职业技能”人才是亚洲国家更为实际的需求；（3）年龄趋低龄化，中小学甚至幼儿园学习者越来越多；（4）网络学习者增加，学习者对智能化中文学习产品兴趣浓厚。

4. 中文教学机构扩容凸显，办学模式多样化

中文学习热使得教育市场异常火爆，像韩国、泰国等国的中文教育已从大学扩展到中小学乃至幼儿园，学习者学段和年龄段的差异越来越显著。开设中文课程的机构既有大中小学校，也有职业院校及社会培训学校。学习内容需求已不仅是中文自身，“中文 + 专业”“中文 + 职业”等专业化、个性化学习需求量正迅速上升。学习方式上有学校集中面授、一对一教授和线上教学等，有的是白天上课，也有的是晚上通过补习班来学习。学习者数量不断攀升，使得原有的教学机构不断扩大招

生规模，也催生了一批批新的教学机构。

中文学习需求的多样性，使得办学模式日趋多样化。一些学校采取联合办学、校企合作等方式，为学习者提供了更好的发展机会。特别是“中文 + 职业”教育在 2019 年得到飞速发展，像尼泊尔加德满都大学孔子学院在 3 月至 5 月间举办了“汉语 + 汽修”培训班，伊朗德黑兰大学孔子学院开设了“汉语 + 职业技能”培训班，马来西亚马来亚大学孔子学院先后与马来亚银行、马来西亚石油公司、马来西亚内政部、皇家警察署、移民局等展开合作，开设了“汉语 + 警务”“汉语 + 法律”“汉语 + 商务”“机场海关汉语”等系列特色课程。2019 年 11 月 14 日，马来亚大学孔子学院与中兴教育管理有限公司合作开设了通信、物联网、大数据等社会急需的“汉语职业技能培训班”。泰国等职业学校和中国国内职业学校联合培养“中文 + 职业”人才的模式越来越受到学习者青睐，政府还希望将职业技能培训与等级证书考试相结合。

5. 教学提质增效明显

面对庞大的学习群体，提高教学质量、健全汉语教学规范标准体系在 2019 年的国际中文教育中尤其受到重视。

教师、教材和教法的“三教”问题自国际中文教育发端时就处于探索发展中。来华留学是在目的语国家学习中文，由于亚洲文化的共性，全球化带来频繁的交往交流，经过几十年建设，“三教”问题在来华学习方面得到了较好的处理；但在海外，特别是中文学习者数量多的国家，“三教”问题依然突出，整体看处于螺旋式发展状态。

师资方面，海外仍然是两个来源：从中国派出和本土培养。专业化和本土化师资是 2019 年以及未来的师资培养方向。2019 年仅国家汉办公布的新选志愿者岗位就达到 5885 人。国内多所高校机构承办了数期汉语教师志愿者培训，例如：2018 年底，北京语言大学举办了孔子学院总部 / 国家汉办 2019 年赴韩国中小学汉语教师志愿者岗前培训，来自全国 27 个省份、94 所院校的 307 名志愿者参加培训后被派往教学目的地——韩国；3 月 21 日，海南师范大学对 100 名 2019 年孔子学院总部 / 国家汉办赴泰国汉语教师志愿者进行培训；等等。2019 年，一些国家也着力培养本土汉语师资，例如：马来西亚的马来亚大学设立“汉语国际教育”硕士项目，由马来亚大学研究生院、语言学院、教育学院、孔子学院与北京外国语大学共同建设，旨在为马来西亚培养紧缺的本土汉语教师。2019 年 12 月，50 余名尼泊尔本土汉语教师来到北京国际汉语研修学院，参加“2019 年尼泊尔本土汉语教师来华研修班”。当然，总体来看，师资力量虽有所增强，全球中文教师已近 500 万，但无论采取何种方式，各个国家对师资的需求仍处于供小于求状态。

教材方面，传统教材继续发挥作用，本土教材、“中文 +”教材成为教材建设热点。在研制标准化、本土化及多样化中文教材理念的指导下，适用海外中文教学的标准化教材、中外合作研发的本土化教材有新进展。2019 年阿联酋将中文纳入其国民教育体系后，使用的教材就是由阿联酋教育部与中国国家汉办共同编写的。阿联酋也在与中国国家汉办合作，继续开发一套能帮助阿联酋学生更好地了解中国社会各方面的文化教材。

教学模式及方法方面，线下教学仍是主流教学模式，但新技术推动线上教学蓬勃发展，线上线下混合式教学模式勃然而出，建设线上教学资源迫在眉睫。教师在教学中更有意识地采用适合所在国文化、教学对象的多种教学模式和方法，任务型教学、主题式教学法、情景教学法、游戏教学、体验式教学等多元教学方法深受欢迎，效果良好。

6.HSK 考试人数屡创新高

在亚洲，参加汉语水平考试（HSK）的考生屡创新高。在斯里兰卡，凯拉尼大学孔子学院 1 月 12 日举行了 2019 年度首场 HSK、HSKK 考试，考生达 102 人；在缅甸，福星孔子课堂 5 月 11 日组织了 2019 年度首场汉语水平考试，考生达 1058 人；在泰国，素可泰府光中学校举行的 2019 年度首场汉语水平考试中，仅素可泰府光中学校和甘烹碧府萨普萨提学校就有 506 名学生报名，考生人数为历年之最；2 月 24 日曼松德昭帕亚皇家师范大学孔子学院举办了 2019 年度第二场 HSK、HSKK、YCT 三种考试，考生达 1420 人；普吉孔院 2019 年参加汉语水平考试的总人数达 12327 人次，考生总量居泰国各孔子学院之首。在越南，仅河内大学孔子学院组织的 2020 年 1 月首场汉语水平考试，考生就达 1250 人。在日本，2018 年参加汉语水平考试的考生有 34108 人，2019 依然热度不减。例如：日本关西外国语大学孔子学院 7 月

13 日举行的 2019 年度第二场汉语水平考试，有 884 人报名，867 人最终参加了考试，报名数量和实考人数均创历史新高。

二、国别中文教育状况案例——泰国和韩国

1. 泰国国际中文教育

中文纳入泰国国民教育体系较早，在泰国已上升为第二大外语。泰国共建有 16 所孔子学院、20 个孔子课堂，累计 1.7 万余名汉语教师志愿者在泰国 73 个府的 1000 余所大中小学任教。2019 年，泰国中文教育继续保持快速发展势头，有 3500 所院校开设了中文课程，本土和外籍中文教师达 6500 人，在校学习中文的学生人数为 89 万。

2019 年，泰国国际中文教育有以下突出特点：

（1）“中文 + 职业”需求更加旺盛

“一带一路”建设、泰国经济走廊计划、在建的中泰高铁等扩大了泰国年轻人的就业渠道。越来越多的泰国青少年尤其是职业学校的学生，希望在学一门技能的同时也能学中文，由此也带火了“中文 + 职业”教育市场。为满足市场需求，泰国职业教育委员会主编了本土教材《通讯汉语》。此外，中泰联手开展相关培训，例如：2019 年 8 月，69 名泰国学生在天津师范大学参加了属于“泰国职业教育汉语精英学员”培养计划的“天津市政府奖学金泰国职业教育项目”，并顺利结业。

（2）汉语水平考试人数再创新高

汉语水平考试在泰国已形成品牌效应，参加汉语水平考试的人数屡创新高，累计已超过 10 万人次。2019 年泰国汉语考试工作会议于 4 月 27 日在曼谷举行，全泰 23 个孔子学院（课堂）和考点的 50 多名院长及考试负责人参会。2019 年普吉孔院汉语水平考试首度突破 10000 人次，达 10185 人次。2019 年清迈孔院在 23 个考点组织了 92 场次汉语水平考试，考生达 10059 人次，其下设的崇华新生孔子课堂考生达 2021 人次，再创历史新高。清迈孔院汉语水平考试主要有 HSK、YCT 和 HSKK 三种，考生涵盖儿童到老年人各年龄层次。

（3）师资队伍建设受到空前重视

一方面，中国国内选派教师志愿者赴泰教学。截至 2019 年，中国向泰国派出的汉语教师志愿者累计 17169 人次，覆盖 73 个府的大中小学校。

另一方面，泰国本土汉语教师来华研修项目和泰国国内本土汉语教师培训项目进一步加强了本土汉语教师的培养力度。在中国，4 月，泰国曼谷市教育局本土汉语教师研修项目在天津师范大学举行，20 位泰国本土汉语教师参加了培训；同月，泰国北方农业职业教育学院的 18 位教师到陕西能源职业技术学院参加了为期一周的汉语语言文化培训。在泰国本土，1 月 18 日至 19 日，泰国易三仓大学孔子学院举办了 2019 年泰国本土汉语教师培训，共有 41 所教育单位的 53 名本土汉语教师参加；3 月 25 日至 4 月 3 日，泰国教育部职业教育委员会组织“2019 泰国职教委教师汉语培训班”，全泰国 44 个府的 74 位职教委教师参加了此次培训；12 月 12 日至 13 日，泰国清迈大学孔子学院等举办“2019 泰北本土汉语教师培训暨东南亚国际汉语教育研讨活动（清迈站）”，来自泰北及曼谷地区共 10 个府的近百名本土汉语教师参加。

2. 韩国国际中文教育

中韩经贸往来频繁，越来越多的韩国企业在招聘时更看重应聘者的中文能力，韩国中文学习在 2019 年持续升温。据不完全统计，韩国 5000 万人口中，有 1060 多万人在学习汉语及汉字，数量居全球首位。2019 年，韩国已有 23 家孔子学院、5 个孔子课堂。据来自韩国统计厅的数据，2019 年通过各种途径学习中文的人数较 2018 年增加了 16.2%。2018 年韩国的中文教育市场规模已突破 7000 亿韩元（约合人民币 40 亿元）。

2019 年，韩国中文教育仍以学中文以及“中文 + 专业”为主。特别值得一提的是，韩国十分重视中文教材的本土化，为学习者编写、出版了很多中文教材。来自中国的中文教材和韩国自己编写的中文教材各自占据半壁江山，中文教材销量连年上涨，种类多达 180 余种，但韩国学习者更青睐本土教材。2019 年最畅销的中文教材仍然是由韩国 JRC 汉语研究所编写的速成口语教材《美味汉语》。

此外，参加汉语水平考试的考生数量不断刷新纪录，特别是近些年来参加汉语水平考试的考生数量以每年 200 人次左右的速度在增长。2019 年参加汉语水平考试的考生数量已经超过 10 万人次，位居全球之首。

三、发展思考

2019 年的亚洲依然持续着“汉语热”，国际中文教育无论是在政策规划方面，还是在教学、考试方面，都取得了令人欣喜的成绩。展望未来，我们认为：

第一，将中文纳入国民教育体系的国家将继续增加。

第二，亚洲各国学习者的中文需求更加多样化，差异化更加突出，“中文 +”时代已经全面展开。特别是“一带一路”沿线国家，“中文 + 职业”教育的需求量会更大。

第三，师资问题未来仍将两条腿走路，即由中国派出师资和所在国培养本土师资。

第四，尽管亚洲内部的文化跨度小于西方，但教材国别化、本土化仍是国际中文教育教材建设的重要方向，中外联手编写是最佳途径。

第五，随着智能化时代的到来及互联网技术的成熟，教学模式将更加灵活多元，线下教学、线上教学以及线上线下混合式教学将成为常态化教学模式。因此，系统化的教学标准、教学规范等亟待完善。

（作者：郭风岚，北京语言大学）

欧洲中文纳入国民教育体系发展报告
——以英国为例

英国是最早将中文纳入其国民教育体系的西欧国家之一。英国教育体系在构成上包括英格兰、苏格兰、威尔士和北爱尔兰四个部分。尽管后两个地区的中小学也有中文教学活动，但数量不多，也还没有独立的中文初、高中会考，故本报告只涵盖英格兰和苏格兰两个地区。

中文纳入英国国民教育体系的发展可分三个阶段。第一阶段是政策允入，指中文为国家教育制度所认可，政策上成为其基础教育的外语教学和考试科目；第二阶段是体制纳入，指中文教学体系的全面建立，包括课程大纲、师资培训和教材开发等取得和其他外语科目同等的地位；第三阶段是深度融入，指中文教学规模发展，学习和考试人数及成绩等方面都在所在国外语教育科目中名列前茅。

一、外语政策与中文教育

中文作为英国初、高中的会考科目虽然已有相当长的历史，但在很长一段时间内是以社区语言形式存在的，设立中文课程的主流学校极少。学习及参加考试者基本是华裔子弟，大都周末在华人社区学校上课。2002 年，英国政府发表《英格兰的全民外语生活战略》，决定从小学开始提供外语教育，取消初中毕业会考（16 岁）中的外语科目要求，扩大现代外语语种范围（以前仅限欧洲语言，此时中文入围），由学校视情况选择外语语种（英格兰初中会考现有 17 个语种，苏格兰 9 个）。2014 年《英格兰课程大纲》明确规定，在基础教育的四个阶段中，学校只需在第二阶段（7 至 11 岁）和第三阶段（11 至 14 岁）提供外语教育。英国国民教育体系中的中文教育正是在此政策下逐渐发展和深入融入的，而这段时间里中英两国的交流与合作不断加强，尤其是语言教育方面的频繁交流与合作对中文的发展与融入起到了推动作用。

英国公立小学中文教育的发展大都和孔子课堂相关，近几年速度开始放慢。2019 年《英格兰外语趋势调查报告》显示，绝大多数小学教授的依然是法语等欧洲语言，只有不足 3% 的小学在提供中文教学，和几年前的情况类似。2017 年成立并收费不菲的一所伦敦私立双语小学两年来招生人数逐年上升，从开始的十几人增加到了 2019 年的几十人，显示出一定的市场需求与潜力。

英国中学的中文教育发展较快。2016 年已约有 40% 的私立中学和 13% 的公立中学开设了中文课程。同年，英国教育部出资 1000 万英镑设立了为期五年的“中文培优项目”（Mandarin Excellence Programme），在推动公立学校的中文教育方面发挥了很大的作用。2019 年英国中学的中文教育可谓喜忧参半。可喜的是，开设中文的学校及学生人数均有所增长，参与培优项目的学校数量已达 76 所，在读学生数也已超过项目设定的 5000 名中学生学习中文的目标。令人担忧的是，英格兰参加中文初、高中两个会考的人数都出现了大幅度的下滑（见图 1），降幅分别达 27% 和 32%，高中中文会考上一年超越德语名列第三的地位也因此得而复失。

苏格兰中文教育起步较晚，2008 年和 2010 年才分别开始有中文初、高中会考。在过去几年里，参加初中会考的人数时有波动，参加高中会考的人数虽一直呈上升之趋势，但总数依然很少。

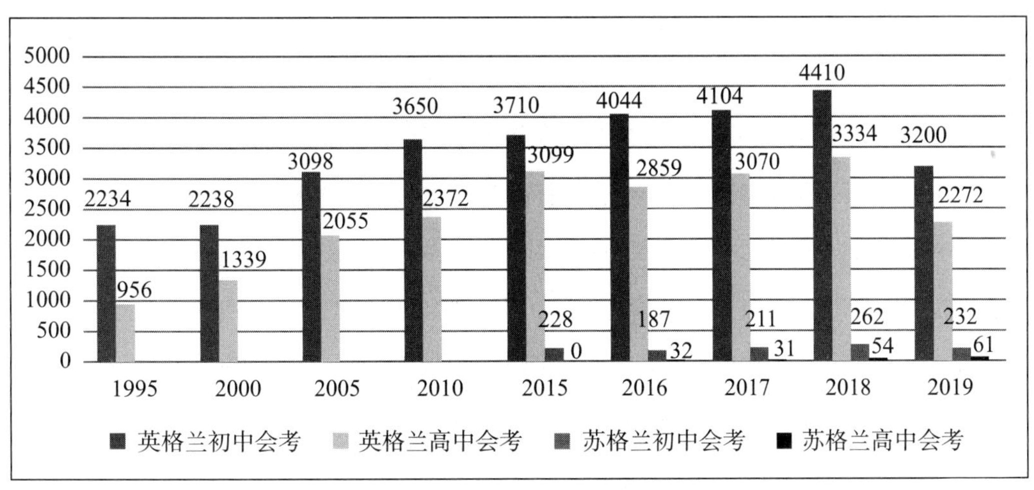

图 1 英国初、高中中文会考人数

二、考试大纲与中学会考

中文课程考试大纲是国民教育体系中体制纳入的重要组成部分。英格兰的中文课程考试大纲迄今已改动数次。最早是为华裔子弟“量身定做”的社区语言版，21世纪语言政策改变后有了便于其他语言文化背景学习者的“平易近人”的现代外语版。2017年又有了新的改革版，2019年是改革版大纲考试实施的第一年。不少教师和学生反映，改革版大纲比原大纲复杂，而且不同考试委员会的大纲难度也有差异。

2019年，参加两个中文会考的人数下降的主要原因可能有以下三个。首先，受新考试大纲的影响。高中外语会考数据显示，凡是启用新考试大纲的语言，如中文、俄文和意大利文等，其参考人数平均减少了约29%。不同考试委员会的初中中文会考参考人数也出现了较大的增减反差。培生考试委员会的考生较2018年减少了一半以上，由3733人降为1684人；而英国资格评估与认证联合会的考生则增加了一倍多，由710人上升到1556人。其次，来自其他语言的竞争。中学外语科目课时有限，语种增多后，各语种基本呈现此增彼减的关系。2019年，中学除法语、德语和西班牙语之外的“其他现代外语”的学生人数总体有所增长，特别是和学生背景有关的社区语言（如波兰语、阿拉伯语等）的参考人数有较大幅度的增长，在高中会考中尤为明显。最后，参加中文培优项目的学生因年龄较小，2019年尚未参加中文初中会考，但当年有3000多学生参加了七到九年级的项目测试，他们会在今后的几年里逐渐参加初中会考。但即便如此，参加中文初中会考的人数和三大欧洲语言的相比，差距依然很大，如中文只是法语的1/40，这个局面很难在短期内有大的改变。

尽管改革后的考试大纲是个挑战，但参加两个会考的考生依然表现不俗。如参加培生考试委员会的初中中文会考学生有近70%取得了A*和A的成绩，相比之下，法语获得A*和A的不足13%。2019年的高中会考成绩显示，获得A*和A的考生为总数的25.5%，较2018年下降约1%。但参加培生考试委员会高中中文会考的考生有近36%获得了这个成绩，高于平均成绩约十个百分点，基本和三大欧洲语言的成绩持平。苏格兰的中文考试成绩也明显领先于其他语言。但也有报告分析，参考学生中有为数不少的华裔，包括留学生。

三、教师培养与教材编写

中文教师培养和中文教材编写也是国民教育体系中体制纳入的重要环节。2010 年的千人教师培训计划和先后出现的中学中文教师证书课程（Secondary Post Graduate Certificate in Education）标志着中文教师培养机制开始建立。虽然这些年的发展情况起伏不平，但 2019 年稳中有进。中文培优项目的目标是培养百名合格中文教师，仅伦敦大学教育学院就招生 20 余名。此外，牛津大学、曼城都市大学、朴次茅斯大学、金斯密大学、博尔顿大学等学校也设有单独或与其他现代外语一起的中学中文教师证书课程，有的大学则将中文归入了其社区语言（非主流外语）教师培养课程，但这些课程的本土学员人数偏少，这与招生要求及就业机会等因素有关。也因为如此，有的大学（如知山大学等）已不再招生。苏格兰从 2007 年开始有政府资助的中文教师培训，目前阿伯丁大学、爱丁堡大学和思克莱德大学都设有中学中文教师文凭课程（Secondary Post Graduate Diploma in Education）。

英格兰有中文考试的考试委员会基本都开发了自己的初中教材。如培生的《进步》和《初中中文》（*Edexcel Chinese GCSE*），联合会两册套的《初中中文》（*AQA GCSE Chinese*）等。高中中文考试没有专门的单一教材，但英格兰每年都有由中文教师开发并在当地出版的教辅资料，仅 2019 年出版的就有《高一中文》（*Chinese for AS*）等近 10 种。苏格兰尚没有自己开发、较成体系的中文教材。

从中文纳入国民体系的程度来看，英国初中部分尚缺乏规模，高中部分已开始进入第三阶段。2019 年的发展情况有得有失，但基本稳定。中文培优项目的顺利进行巩固了中文在外语教育体系中的地位，加上多年来中文教学经验的积累和教学质量的提高，更多的学生会由此受益而继续其中文学习，所以两个会考的参加人数很可能在今后几年里重新回升。

2019 年，通过孔子学院及英国文化委员会汉语助教项目由中国派往全英的汉语教师就有 300 余人，另还有数百名汉语教师志愿者及通过其他渠道（如地区教育交流项目等）在英国中小学里任教的中国老师，英国孔子学院和孔子课堂的数量均居欧洲第一，公立学校因经费不足而对此十分依赖。

（作者：张新生，英国伦敦理启蒙大学；李明芳，英国伦敦摄政大学）

美洲中文教育发展报告
——以美国为例

美国与中国在文化、教育和科技等各个领域内都有着紧密的联系和广泛的交流与合作，美国中文教育是世界中文教育不可或缺的组成部分。本报告分为七个部分，分别介绍、分析美国的中文教育：一、美国中文教育的类型；二、美国高校中文教育发展历程；三、孔子学院在美国的发展情况；四、中文教育在美国所处的地位；五、中文教材的选用；六、外语水平测试标准；七、美国主要的中文教育组织。笔者将利用数字、图表及实例，帮助读者了解美国中文教育的状况，为研究世界中文教育提供参考。

一、美国中文教育的类型

美国的中文教育多种多样，大体可以分为以下三种：（1）美国大学的中文教育；（2）美国中小学的中文教育；（3）美国中文学校的中文教育。其中最受重视的是大学的中文教育，其次是中小学的中文教育，最后是中文学校的中文教育。这三种教育类型的教学对象、教学方法、教学目的以及使用教材都有所不同，教学效果当然也就有差异。

1. 美国大学的中文教育

美国很多大学都要求学生毕业前必须掌握一门外语，一般需要达到课程二年级结业时的外语水平。学生开学前需要参加本校举办的分班考试，达到上述标准的学生可以免修外语，未达标的学生则需要选修一门外语。比如，某一年级新生入学前在高中学了四年中文，大学中文分班考试后进了二年级的中文班，那他就需要最少再学习一年的中文，考试及格后才可以毕业。如果一个学生入学时中文水平是零基础，那么他需要从一年级中文课开始学习，学习两年以后才能够满足本校对毕业生在外语上的要求。当然，两年以后这个学生也可以继续选修高年级的中文课程。所以，美国大学生基本都是选修外语，譬如中文，只有少数学生把外语当作专业来学习。如果某个学生选择了中文专业，那么该生则需要修完四年级中文，同时还要选修一定数量的有关中国文化的课程。

美国大学中文教育的最大特点是中文课为选修课，而不是必修课。中文课一般班级都不大，只有 15 名学生左右。一周四至五天，每天上一节 50 分钟的课。教师基本上都使用沉浸式的教学方法，老师和学生上课时基本都使用中文。学生课上主要是在教师的引导下用中文练习听说。

美国大学中文教育的另一个特点是华洋分开，也就是华裔学生与非华裔学生分班上课。由于华裔学生从小在家里跟家人说中文，所以他们上中文课的主要目的是学习阅读和写作。华裔学生汉字的掌握速度及写作水平的提高速度基本上是非华裔学生的两倍。

2. 美国中小学的中文教育

大学生可以自己选择上哪一门外语课，但是中小学生一般没有选择。学生所在的年级或者班级会由学校根据师资条件决定教授中文还是其他外语，如西班牙语或者法语。中小学每个班里面有 30 名左右的学生。由于不是自己选择的课程，学生的学习动力不是很强，所以常常存在注意力不集中、不遵守课堂纪律等问题。中文教师需要根据实际情况设置教学大纲，调整教学方法，降低测试标准，以维持学生学习中文的积极性。中小学生的一大特点是他们年龄比较小，语言接受能力强，特别是在发音方面可塑性很强。老师如果引导得当，就能够培养出字正腔圆的高潜力学生，为他们将来在大学提高中文水平打下良好基础。在一般情况下，学生在中学学习四年中文以后可以考入大学二年级的中文班。

3. 美国中文学校的中文教育

美国现在有大约 400 万华人。很多华人家长希望自己的孩子能够跟他们一样，掌握中文，认同中国文化。所以每到周末，华人家长就开车把他们的孩子送到附近的中文学校学习中文。中文学校的学生一般在 5 岁到 15 岁之间，正是喜欢玩耍的年龄。他们周末去中文学校不是自愿去的，而是父母要求去的。但是华人孩子一般都比较听话，爸爸妈妈送他们去，他们就去；中文老师让他们学，他们就学。当然学校和老师也都极力把中文课程教得有趣、吸引人。中文学校的老师们在课上用中文组织游戏，安排学生观看中文影视节目，学唱中文歌曲，组织中文演讲比赛、作文比赛，教学生练武术、下象棋，等等。老师们尽量让孩子们在娱乐中学习中文，了解中国文化。国内的许多出版社为中文学校的学生编写相应的教材，制作各种教学辅助影视资料，这大大促进了美国中文学校的教学活动。

每年一到夏天，有的中文学校还组织学生和家长开展寻根之旅，回中国参观访问。国内的有关部门为此提供了大力的帮助，让华人子弟领略了祖籍国的大好河山，感受到了国内亲人的热情关爱，在他们幼小的心灵里播下了热爱中文、热爱中国的种子。

二、美国高校中文教育发展历程

早年美国中文教育的学生人数不多，也没有较准确的统计数据。严格意义上的统计始于 1960 年，此后美国《现代语言协会会刊》每隔三四年就会统计美国高校秋季选修外语的学生人数。根据《现代语言协会会刊》提供的数字，笔者整理出了如下数据供读者参考（见图 1）：

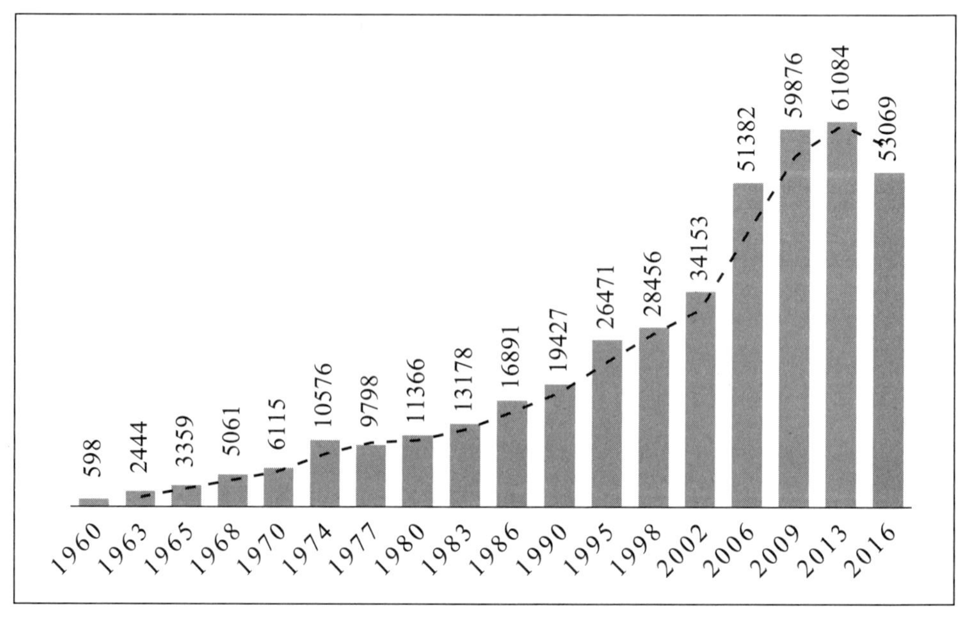

图 1　1960—2016 年美国高校秋季选修中文的学生人数

通过图 1，读者可以推演出美国高校中文课学生人数变化的趋势。美国中文教学规模由小到大，其发展过程可以说与中美两国关系的演变有着密切的联系。1958 年，美国颁布《国防教育法》，把中文列为对国家安全至关重要的关键语言之一，号召有条件的大学开设中文课，当时学生人数不到 600 人。1971 年的乒乓外交、1972 年的尼克松访华，以及 1979 年的中美建交等都提高了美国民众学习中文的热情，选修中文的人数明显上升。20 世纪 80 年代后，因为中国已经实行了改革开放政策，所以大批中国留学生来到美国留学，有不少人学成后留在美国担任中文教师，为美国中文教学界增添了新的血液和生命力。此后，美国中文学生的人数开始快速增长，特别是新世纪中国经济腾飞以后，很多美国学生发现学会中文对就业有帮助，因而开始主动学习中文。对中文教育最大的推动因素是孔子学院的建立，大批中文老师来到美国，在中小学和社区等更大范围内教授中文，学习中文的学生人数达到了前所未有的高峰。

但是我们也应该注意到，在 2009—2013 年间，中文学习者数量的增长速度开始放缓，2013—2016 年中文学习者的数量出现了下降的趋势。根据美国现代语言协会发布的信息，最新学生人数的统计工作将于 2021 年秋季展开。由于 2021 年全美中文学生的数字还没有统计出来，最近几年学生人数的走向尚没有肯定的结论。为了解最新动态，笔者在 2020 年底通过微信群，向同行们调查了各高校的情况。通过对比、总结这些一线教师提供的反馈信息，笔者得出了下述结论：美国各高校 2010 年以来中文学生人数的上升趋势有所减缓，预示巅峰期已过；2013 年以来学生人数有所下降，2016 年以后继续下降，2019 年和 2020 年的人数已经趋于平稳，但是与 2010 年的高峰相比，目前中文学生的人数下降了不少。以西北大学为例，2004 年秋季中文学生的人数是 195 人，随后逐年上升，巅峰是 2011 年的 368 人。此后一路下跌，到了 2018 年跌到谷底，人数是 162 人。2019 年开始反弹，回升到 180 人，2020 年秋季中文学生的人数又回升到了 222 人。

究竟是什么因素导致美国中文学生的人数停止增长，甚至减少呢？通过对各高校教授的调查访谈，笔者总结出以下几种原因：

（1）学生人数饱和。在美国，想学、该学、能学中文的学生都已经开始学了，当总人数达到一定的数量就会稳定下来，不可能一直增长下去。

(2)媒体扭曲事实。受“中国威胁论”以及一些媒体恶意抹黑的影响，部分美国民众对中国产生误解，不愿意再学习中文。

(3)政客从中作祟。某些政客为了个人的政治目的，打压孔子学院，导致有些在美国的孔子学院不得不关闭。孔子学院及孔子课堂的关闭自然影响了美国中文教学的发展。下面一部分将专门介绍孔子学院在美国所面临的挑战。

三、孔子学院在美国的发展情况

自从 2004 年马里兰大学建立美国第一所孔子学院以后，孔子学院在美国有了飞速的发展，如雨后春笋般四处生根、开花、结果，由寥寥几所孔子学院发展到 107 所孔子学院及众多的孔子课堂，为美国的中文教育及中国文化的传播起到了巨大的推进作用。在《美国汉语教学动态研究》一书中，笔者对美国中西部地区的 14 所孔子学院做过调查，如表 1 所示：

表 1　美国中西部地区孔子学院一览表

孔子学院名称	成立时间	主要职能及特色
堪萨斯大学孔子学院	2006 年 5 月	开展中学远程中文教学、商业团体培训及系列文化活动
密歇根州立大学孔子学院	2006 年 5 月	开展中文教学（特别是网上中文教学）、课程开发、师资培训、文化交流活动
芝加哥市孔子学院	2006 年 5 月	推动 43 所公立中小学中文教学、课程发展，提供辅助教材、师资培训
艾奥瓦大学孔子学院	2006 年 9 月	开设系列课程、中文师资培训，拓宽社区中文学习领域，增加跨文化理解
普渡大学孔子学院	2007 年 5 月	提供中文口语课和文化课、教师培训、教学研究、相关翻译等咨询服务
丹佛社区学院孔子学院	2007 年 9 月	开展中文教学，组织中国文化体验活动，深入社区开展系列社区活动

（续表）

孔子学院名称	成立时间	主要职能及特色
瓦尔普莱所孔子学院	2008 年 2 月	开展中文教学并拓展中文教学市场，举办中国音乐节，介绍中国音乐及文化
威普拉特维尔孔子学院	2008 年 4 月	开设中文课程，提供商业惯例及文化研讨会，开展中文师资认证
印第安纳波利斯孔子学院	2008 年 4 月	开展中文教学、师资培训，走进社区开展文化交流，促进校际往来
明尼苏达大学孔子学院	2008 年 9 月	开展中文教学，组织中文水平考试、文化活动、师资培训
韦伯斯特大学孔子学院	2009 年 2 月	提供语言与文化教学资源，促进当地与中国在教育及文化方面的交流
密歇根大学孔子学院	2009 年 11 月	以艺术为特色，举办各种主题的研讨会、演出、讲座、展览
西密歇根大学孔子学院	2009 年 11 月	开设中文课程及文化课程，编写教材，开展教学法研究，举办文化交流活动
芝加哥大学孔子学院	2010 年 6 月	开展当代中国研究，特别是中国当代经济研究

美国中西部地区的 14 所孔子学院虽然各有特色，但是它们拥有一个共同点：都致力于推动当地的中文教学，从不同角度宣传中国文化。在过去的几年里，孔子学院在美国中西部地区产生了重大影响，越来越多的美国民众接触到了中国文化，越来越多的学生对学中文产生了兴趣，也有越来越多的美国人表示希望到中国亲眼看一看。孔子学院在美国取得的这些重要成就，世人共睹。

但是，由于众所周知的原因，美国孔子学院的数量近年来有了较大幅度的下降。可敬的是它们仍在坚持办学，传授中文知识，推广中国文化。这些在逆境中砥砺前行的孔子学院得到了很多美国教师的支持及民众的欢迎。

四、中文教育在美国所处的地位

美国的外语教学皆属于服务型课程，处于给地域研究或者专业学科研究服务的地位，中文教学也不例外。譬如，中国文学专业的学生需要提高中文水平，以便能够用中文阅读文学原著。因此在很多大学里，教中国文学等专业的是教授，拥有终身职位，而教中文的是讲师。中文讲师的工作虽然也相当稳定，但是却没有终身职位。许多大学的中文部负责人多是没有终身教授身份的高级讲师，他们也都具有中文教学、语言学、教育学等专业的博士学位。

美国大学里基本上没有中文系，最多是东亚研究系，或者是亚洲语言与文化系里面的中文部。在一般的大学里，东亚研究系或者亚洲语言与文化系的地位与历史系、宗教系等相差不多，但是与理工等硬科学系的分量相差甚远，是不可同日而语的。就中文部在各个学校的地位而言，常春藤高校的中文部与非常春藤高校的中文部的相对地位是一样的。譬如，普林斯顿大学的中文部比西北大学的中文部强了许多，但是二者在各自学校里的相对地位是相差无几的。笔者来西北大学工作之前曾经在普林斯顿大学工作过，对这个问题有所了解。当然，近年来中国经济高速发展，国际地位大幅上升，美国院校与中国院校交往频繁，这也多多少少加重了中文部在各校的分量，希望这个势头能够继续保持并发展下去。

五、中文教材的选用

美国的中文教育没有统一的教学大纲，各校的中文项目均根据本校学生的实际需求设定教学大纲，选择适合本校教学的教材。

北美大学里教材的选用越来越倾向于本土化。为了了解美国高校中文教材选用的情况，埃默里大学李煜教授等人对美国 170 所大学做了问卷调查，并于 2014 年在《汉语教学研究——美国中文教师学会学报》（第 49 期）上发表了调查报告。根据李煜教授的统计，北美低年级中文教学使用最广的教材是《中文听说读写》，高年级使用最广的是《事事关心》。这两套课本都是美国本土教师编写的。华盛顿大学梁霞教授在其新作《美国大学汉语教育研究》一书中指出，这两套教材的最大特点是对象明确。某册教材供哪个年级、哪个学期使用，完全是按照美国大学一般学期的长度、每周上课的课时数、该年级学生日常生活的真实情况编排的。梁霞教授认为，这两套教材的编者具有丰富的美国高校教学经验，有比较语法、比较文化的明确意识，课文编写、问题讨论的视角以及思想观念和价值取向等与学生比较一致。由于这类教材立足当下，贴近学生的生活实际，所以能够引起学生比较广泛的共鸣。

美国大学里不同班级的教师可自行选择自己喜欢的教材。通过表2所示的西北大学的相关信息，读者可以看到他们所选用的教材。

表2　西北大学的中文课程及选用教材

课程名称	教材
一年级中文	《现代中文》（1A、1B）
二年级中文	《现代中文》（1B、2A）
三年级中文	《表达》
四年级中文	《文化纵横观》《阅读小小说》
华裔中文一	《中文听说读写》（初级一、初级二）
华裔中文二	《中文听说读写》（中级一、中级二）
华裔中文三	《变化中的中国》《中国万象》
华裔中文四	《成功之路》（成功篇1、2）
商业中文	《新丝路》

从西北大学所选用的九套不同教材来看，其中七套是美国本土教师编写的教材，国内只有北京语言大学出版社的《成功之路》和北京大学出版社的《新丝路》这两套教材被西北大学选用。西北大学教材选用的实例佐证了李煜教授2014年的调查报告及梁霞教授2020年的分析。由此可以得出结论，美国师生更青睐本土编写的教材，它们在形式、内容、音像化以及售后服务上更适合美国的中文教育。

六、外语水平测试标准

全美外语教学协会制定的《外语水平准则》(*ACTFL Proficiency Guidelines*,以下简称《准则》)是外语教学标准化的一个里程碑。它详细描述了不同水平的学生所需完成的不同难度的外语任务。《准则》超越了不同语种之间的差别,定出了统一的标准,给外语教学提供了一个准绳。不论一个语种属于哪一个语系、难易程度如何,都可以根据这个准绳设定目标,制订计划。根据这个准绳,人们可以了解一个学校某些课程的既定目标是什么,是“超高级”“高级”,还是“中级”。为了达到既定目标,校方在设计课程、选择教材、聘用教师等过程中就会有所考虑。譬如,美国国家安全教育基金会要求12所中文领航项目学校把学生培训到《准则》的“超高级”水平,而这个“超高级”水平明确描述了达到这一水平的学生所能完成的外语任务。甲乙双方议定,甲方四年之后将会按照这个标准来检验学生的水平,各个领航项目学校就根据这个标准,利用基金会提供的经费去决定聘请多少教师、设置怎样的教学大纲、开设什么课程、确定多少课时,从而有的放矢地培训学生。标准清楚,目标明确,双方都清楚国家需要把学生的外语水平培训到什么水平。

《准则》详细描述了从最高的“顶级”到最低的“初级下”之间不同级别考生的外语能力,即不同级别的考生在任何时间、地点、场合能够用外语说什么、写什么,以及他们还不会说什么、写什么。《准则》不遵循某一教学理论、教学方法或者教学大纲,只是衡量考生外语水平的一个标准化工具。

《准则》从四个主要方面评判学生的外语水平,即会话、写作、听力、阅读。与国内通常认可的听、说、读、写的排列顺序不同,《标准》采用了会话、写作、听力、阅读的顺序,其主导思想主要是区分出学生的接受能力与表达能力。会话和写作属于表达能力,而听力与阅读则属于接受能力。

《准则》将四个方面的外语水平分成五个主要档次、九个细微档次。以会话水平为例:最高为Distinguished,即“顶级”;其次为Superior,即“超高级”;再其次为Advanced,即“高级”,“高级”被细分为“高级上”“高级中”“高级下”;然后为Intermediate,即“中级”,中级被细分为“中级上”“中级中”“中级下”;

最低档次为Novice，即“初级”，“初级”被细分为“初级上”“初级中”“初级下”。为了更加形象地展现各级水平，《准则》设计了如图2所示的倒立锥形图：

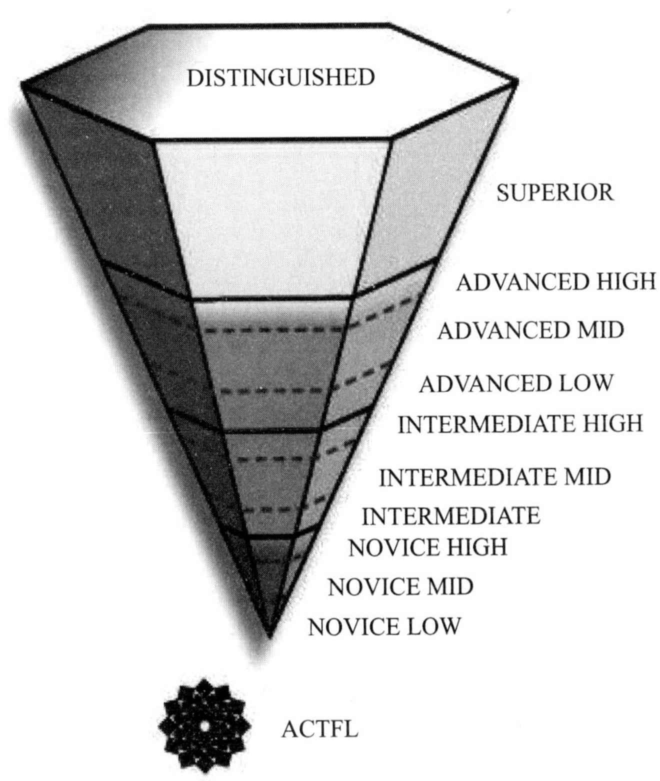

图2 全美外语教学协会《外语水平准则》能力等级示意图

上面的倒立锥形代表不同考生所处的不同外语水平。最底部尖尖的部位代表最低水平的“初级下”，中间的九个等级代表九个不同的水平，顶部代表最高水平的“顶级”。该图形象地告诉读者“初级下”的考生掌握的知识最少，所以在尖尖的底部；而“顶级”水平的考生掌握的知识最多，所以占据最宽大的顶部。由此可见，全美外语教学协会的图形代表着不同水平的考生掌握的知识量，并非代表各个水平的学生数量。根据图2，考生水平越高，能力越强，越居上游，占据的体积就越大；考生水平越低，能力越弱，在图中占据的体积就小，只能屈居下游。

有了《准则》，无论是哪一所学校、哪一门外语，都可以根据自己的实际情况确定自己的目标。笔者所在的中文部制定的教学大纲可能会给读者一些启示。我们根据学生的具体情况，设定了如下的目标，即在不同层次的课程学习一学年中文以后，学生应该达到如下水平（见表3）：

表3 不同中文课程预定达到的水平

课程名称	会话水平	写作水平	听力水平	阅读水平
中文一年级	初级高	初级高	初级高	初级高
中文二年级	中级中	中级中	中级中	中级下
中文三年级	中级高	中级高	中级高	中级中
中文四年级	高级下至高级中	高级下至高级中	高级下至高级中	高级下至高级中
华裔一年级	中级上	中级中至中级上	中级上	中级中至中级上
华裔二年级	高级下	中级上至高级下	高级下	中级上至高级下
华裔三年级	高级中	高级下至高级中	高级中	高级下至高级中
华裔四年级	高级上	高级上	高级上	高级上

华裔与非华裔的需求不同，需要达到某一水平所需的时间或者课时也不同，所以，学校对二者听说读写四个方面的要求也会不同。

七、美国主要的中文教育组织

美国的中文教育组织主要有以下三个：美国中文教师学会、全美中小学中文教师协会、美国中文学校协会。它们之间各自独立，又互有合作。

1. 美国中文教师学会

美国中文教师学会的英文名称是 The Chinese Language Teachers Association，缩写为 CLTA。该学会始建于 1962 年，现有注册会员 700 多人。会员主要为全美各个大学的中文教师，近年来也有一些中小学中文教师加入。该学会的宗旨为促进美国中文教学与中国文化教学的发展与研究。该学会每年召开一次年会，选举下一届会长，组织不同专题的教学研讨会。该学会还有一本专业期刊，为《汉语教学研究——美国中文教师学会学报》。该期刊每年出版三期，经不记名审核，刊登有关中文教学与研究的最新成果，是了解美国中文教学研究的重要渠道。发表的文章有的是用中文撰写的，有的是用英文撰写的。该期刊的侧重点是教学实践的研究，旨在促进中文教学的发展。

2. 全美中小学中文教师协会

全美中小学中文教师协会的英文名称是 Chinese Language Association of Secondary-Elementary Schools, 缩写为 CLASS。 该协会成立于 1987 年，宗旨为协助中小学启动和发展中文项目，撰写统一的教学大纲，设定中文水平测试标准，设立 AP 中文课程，培训中小学中文教师，等等。该协会与美国中文教师学会合作密切，每年在一起召开年会，该协会的很多会员同时也是美国中文教师学会的会员，来自全美 K–12 的公立及私立的学校。

3. 全美中文学校协会

全美中文学校协会的英文名称是 Chinese School Association of the United States, 缩写为 CSAUS。该协会成立于 1994 年，会员学校包括来自美国近 50 个州的 500 多所中文学校，会员学校的在校中文学生达 10 万以上，教师 8000 余名。该协会的宗旨为加强全美中文学校之间的交流与合作，促进美国的中国语言和文化的教育，推动中美两国间的文化交流与合作。该协会每两年召开一次大会，选举下一届会长，研讨工作的方向，制订行动的方案，组织学生到中国的寻根之旅，组织中文演讲比赛、作文比赛，等等。与中小学及大学不同，中文学校仅在周六或者周日上课，大部分都是租用中学或者大学的教室。学生是小学生和初中生。他们大部分是华裔子弟，其中还有一小部分是从中国领养来的华人孩子。全美中文学校协会成立的主要目的就是为华裔子弟提供学习中文、保持中华文化传统的机会和环境。

在以上这三个组织里，美国中文教师学会主要服务于大学的中文教育，全美中小学中文教师协会主要服务于中小学的中文教育，而全美中文学校协会主要服务于周末中文学校的中文教育。他们的服务对象虽然不同，但是目的是一样的，工作也相互有关联，环环相扣。譬如，如果周末中文学校能够培养华裔儿童学习中文的兴趣，中小学中文教学就能够开设更多的中文课程，给学生打下良好的中文基础，那么大学的中文教学就能够大幅度地帮助学生提高中文水平。所以这三个组织之间的沟通与合作是非常必要的。笔者是西北大学的教授，课余期间曾经在芝加哥一所公立中学教过四年中文，还曾经在女儿学习中文的周末中文学校担任过八年的义务校长，是以上三个组织的会员，故而对它们的情况都比较了解。

除了以上三个较大型的中文教育组织以外，各州及地区也有一些专业性协会，譬如加州中文教师协会、书法教学协会、商务中文教学协会等等。这些协会的宗旨非常明确，就是要协助中文教师提高中文教学水平，促进中文教学的发展。它们举办的活动主要是召开年度会议，选举下一届会长，组织中文演讲比赛等。

美国的中文教育近年来变化迅速，在教育类型、学生人数、学术地位、教材选编、测试标准、组织结构等方面都有了长足的发展。美国中文教育的发展自始至终都与国内的协助有着极其密切的关系。相信在国内中文教学界同行的帮助下，美国的中文教育在未来会有更大的发展。

（作者：顾利程，美国西北大学）

法国中文教育2019年回顾

2019 年正好是中华人民共和国与法兰西共和国建交 55 周年的大庆之年，这不仅在外交上对两国人民来说是极其重要和不平常的一年，同时在法国的中文教育历史上，2019 年同样也是浓墨重彩的一年。最近 15 年以来，法国出现了一个可喜的“中文热”现象，学习中文的人越来越多。根据法国国民教育部的统计数据，2016 年在法国学过中文的人数已达到十万多人。[①] 2019 年，法国中文教育始终保持着这种良好的发展趋势。同时，法国也是整个欧洲参加汉语水平考试（HSK）人数最多的国家之一。

本文首先按照教育层次审视 2019 年法国中文教学的情况，然后介绍中文教学在法国其他领域取得的发展。

一、不同教育层次下法国中文教育的概况

1. 小学的中文教学

2019 年，全法国学中文的小学生已达到了 6000 多人。法国现有 70 所小学开设了中文课。[②] 这些学校分为三种类型：在法国本土的小学、在海外的法国学校和小学国际班。一般来说，法国小学生在小学预备班就开始学外语了。有的孩子很幸运，幼儿园里就有教中文的老师，孩子们可以用中文沟通，比如巴黎中法幼儿园和蒙特

① 见 Joël Bellassen（2016）。白乐桑先生（Joël Bellassen）担任法国教育部汉语总督学之后，汉语教学年度报告不再在社会上出版发表。

② 见法国汉语教师协会网站上关于汉语教学地图的统计数据，https://www.afpc.asso.fr/Carte-du-Chinois。

梭利儿童之家。[①] 在外语教学方面，小学老师很重视唤醒孩子们对语言的感觉。之前在法国，大多数小学生都是选择学习英语。现在情况变了，越来越多的孩子开始选择学习中文，中文变成他们的第二外语。早在 2002 年，法国国民教育部就颁布了小学中文教学大纲。此外，在法国还有 15 所小学建立了国际班。[②] 这些学校同时接收中国和法国孩子，让他们一起上课、一起游玩、一起交流，在语言学习上双方互相帮助、共同进步。他们每周必须上三个小时的中文课。法国学生在这样的环境中可以很快地提高中文水平，中国孩子也可以很快地适应法国教育制度。

2. 法国中学的中文教学

在中学推广中文教学，法国可以说是起到了先锋作用。早在 1958 年，法国与中国建交之前，在部分汉学家的倡议下，巴黎大区的一所中学首次开设了中文课程。[③] 从 2006 年至 2016 年，白乐桑教授担任了十年的国民教育部汉语总督学，对推广和发展法国的中文教学做出了巨大的努力和贡献。他非常重视推动中学阶段的中文教育，努力建设完备的中学中文教学大纲，培养了一批中文教学师资。与欧洲其他国家相比，他的这一做法被公认为中文教学在欧洲的一大特色。在法国国民教育部的指导下和法国本土中文教师及中国公派中文教师的共同努力下，目前从法国本土到科西嘉岛，直至法国海外省领地，加上中法合作的孔子学院，可以说，在法国版图上的每一个角落都可以找到一个学习中文的地方。

2019 年，我们高兴地看到全法国又有 51 所中学开设了中文课。[④] 这一年在法国已开设中文课程的中学（初中及高中）总数达到了 1079 所，与 2005 年的数字相比翻了五番，其中包含海外的 40 所法国中学与 28 个国际班。根据最新统计，在开设了中文课程的 334 所初中学校[⑤] 中，有 304 所学校的中文课程是作为第二外语的学习

---

① 同前。

② 见法国教育部网站，https://www.education.gouv.fr/les-sections-internationales-l-ecole-primaire-12443。

③ 见 Joël Bellassen（2016）。

④ 见法中亚教育友好协会通讯，https://fcae.fr/pdf/Lettre-N40-Mars-2020.pdf。

⑤ 见国家教育与职业信息中心网站 ONISEP (L'Office national d'information sur les enseignements et les professions)，http://www.onisep.fr/Choisir-mes-etudes/College/Classes-du-college/Etudier-les-langues-au-college/La-carte-des-principales-langues-vivantes-etrangeres-enseignees-pres-de-chez-vous。

课程。在法国，中学中文教学具有良好的教学连续性。初中阶段开始学习中文的学生有 68% 可以在高中阶段继续选择学习中文。[①] 根据白乐桑总督学的统计，这些年来学习中文的中学生中，有近一半的人选择中文作为他们的第二外语。[②] 说到法国中学的高中阶段，就法国全国而言，已经有 60% 的高中开设了中文作为第三外语的课程。在这 60% 的高级中学中，仍然有将近一半的学校可以为学生同时提供中文作为第二外语和第三外语的课程。随着“中文热”和对中文教学的重视，以及家长的认可和学生兴趣度的提升，近年来在 30 多所初中学校里，中文已经取得第一外语的教学地位。另外在 14 所高中里，中文的教学地位变得多样化：比如在同一所学校，学生可以根据自己的意愿自由选择将中文作为第一外语来学习，也可以选择将中文作为第二外语或第三外语进行学习。但是中文在国际班和东方语言班里始终是第一外语的地位，这是国民教育部的规定。按照这个规定，中文国际班的学生除了每周上三到五个小时的中文课以外，学校还必须安排中国派来的教师用中文来教授非语言课程，比如文学、数学、历史和地理等。毕业时，他们的毕业文凭上会特别标明“国际班”或“东方语言班”。[③] 随着法中科技和文化交流的加深，以及两国人民友谊的不断发展，了解中国和中文的人日益增多，甚至一些中等技术学校的学生也逐渐对中文产生兴趣，学中文的人数也在逐年增加，掌握中文开始成为他们在毕业求职竞争中的一项优势。这几年，一些职业高中（如旅游、酒店管理专业）、应用艺术学校等根据劳动力市场的需求形势也都纷纷设立了中文课。[④]

为了适应法国中文教学蓬勃发展的需要，特别是最近几年来，招聘的中文教师数量越来越多。现实情况是大多数本土中文教师不是师范大学毕业，缺乏固定身份，迫切需要接受中文教学能力的培训[⑤]；而从中国来的中文老师需要实现教学本土化，熟悉和掌握法国本土的教学理念和教学方法。鉴于这种师资培训的迫切要求，2019

---

① 见 l’Etudiant 大学生杂志网站，https://www.letudiant.fr/etudes/annuaire-des-lycees/langue-chinois/page-25.html。

② 见 Joël Bellassen（2016）。

③ 见法国教育部网站，https://www.education.gouv.fr/les-sections-internationales-au-lycee-2606。

④ 据法国汉语教师协会正在进行的调查。

⑤ 法国汉语教师协会成员的特点与身份表明这种趋向。

年夏天，法国汉语教师协会第一次与中国西安的西北大学联合组织了为期三周的法国本土中文教师培训班，取得了很大的成功，得到了法国国民教育部和受训教师们的好评。要想保证中文教学的质量，高水平的优秀教师队伍是必不可少的。所以，法国国民教育部每年都坚持组织教师资格考试，宁缺毋滥。如 2019 年报名考试的准中文教师特别多，实际参加考试的人数为 161 名，最后只有 19 人通过了考试，得到了聘用职位。[①] 还有已经在大学任职的中文教师晋升职称的师资合格证书内部会考，2019 年报名考试的达到了 51 名，最后参加考试的人数为 39 名。[②] 这些都说明，为了保证中文教学的质量，国民教育部对中文教师的考试、录取等严格把关，对中文师资队伍建设做出了巨大努力。

当今的社会已经进入了大数据的数字化时代，法国的中文教学方式也在同步发展。比如最近媒体报道，位于法国中部图尔的一所初中里，一名中文老师在教室里给她的学生面对面上课的同时，还通过视频会议的方式把课堂教学内容分享给周边小村庄里的初中学生，这种授课方式在法国有史以来还是头一次。[③]

3. 高校的中文教学

据法国汉语教师协会的调查统计，共有 25000 多名大学生学习中文，52 所大学开设了中文课程，36 所大学具有中文系或提供专业性的中文课程，27 所大学提供非专业性的公共中文课程。专业性的课程分两种：应用外语与外语语言、文学与文化。近几年来，应用外语系吸引了越来越多的大学生注册该系的中文课程。总体来说，目前在法国大学有 18000 名大学生正在学习中文，加上高考后用两年时间准备参加法国高级技师证书考试（BTS）与文科研究生预备班（CPGE）的 7000 多名学生[④]，总数达到了 25000 多名。2019 年，不少高等专科学校和学院也陆续开设了中文课程，如奥尔良大学还新建立了应用汉语系。

---

① 见法国教育部网站，https://www.devenirenseignant.gouv.fr/cid141810/donnees-statistiques-capes-2019.html。

② 见法国教育部网站，https://www.devenirenseignant.gouv.fr/cid143407/donnees-statistiques-agregation-2019.html。

③ 见法国国内广播电台报道，https://www.franceinter.fr/emissions/le-zoom-de-la-redaction/le-zoom-de-la-redaction-26-fevrier-2019。

④ 据法国教育部统计。

法国大学中文教学的特点是没有统一的教学大纲。按照法国宪法，每一位大学老师都享有教学自由。现在法国大学的中文教学要面临的普遍问题是，大学中文系与中学的中文教学之间没有科学的连续性。现在中学阶段学习中文的学生数量不断增加，大学的中文系将不可避免地去适应这种巨大的变化。只有进行教学改革，大学的中文教学才能适应广大已经学习过多年中文的新一届大学生的需求。

2019年6月8日，法国汉语教师协会还在东方语言文化学院举办了巴黎地区的汉语水平考试和第二届规模宏大的中国大学展览会。中国十余所著名大学（清华大学、北京大学、北京师范大学、北京科技大学、上海交通大学、东北师范大学、东北大学、中南财经政法大学、华中师范大学、西安电子科技大学、深圳大学、同济大学），以及HSK国际青年创新实习计划都在展览会上设立了自己独特的展台，向法国广大民众，特别是巴黎的大学生们展示了中国大学的风采，介绍了中国大学的教育发展成就。展会现场人山人海，受到了法国广大民众的积极评价。

除了上面所介绍的情况，中文教学在法国的其他领域同样取得了一定的发展。

二、2019年中文教学进一步发展的重要事件

1. 中文教学研究的三次研讨会

在中文教学研究方面，法国汉语教师协会独立举办了或协助合作举办了多次中文教学研讨会。[①] 比如，2019年的年会就安排了题为“中国文学与中文教学”的研讨会。白乐桑教授，阿尔多瓦大学教授、孔子学院院长金丝燕分别做了专题发言，研讨会由法国国民教育部波尔多学区汉语教学督学尹文英女士主持。协会专门邀请了申赋渔与树才[②]两位中国作家为研讨会做主题演讲。除了中国作家以外，协会还邀请到法国著名的汉学家和翻译家——艾克斯·马赛大学名誉教授Noël Dutrait、国民教育部巴黎大区汉语教学督学Brigitte Guilbaud报告了他们的中文研究论文，他们把自己

① 每届年会均专门安排中文教学主题研讨会。

② 见法国汉语教师协会通讯，La Lettre de l'AFPC n°135，2019年1月，https://www.falanxi360.com/index.php?s=/news/show/id/3343。

在中文领域的研究成果和教学经验向协会的成员们进行了分享。研讨会上，不少中文教师提出了很多有待共同进一步研究的问题，会议充满了浓浓的学术气氛。2019年4月12～13日，欧洲汉语教学协会在都柏林举行了第二届国际汉语研讨会，来自欧洲20多个国家的200多名专家和中文教师参加了研讨会[①]，会议主题是“汉语二语教学学科建设的区域性和国际性”。这次研讨会开得非常成功。阿尔多瓦大学教授、该校孔子学院院长金丝燕在2019年6月27～29日组织了主题为“一元性抑或二元性：汉语本性及其教学的关键性抉择”的国际研讨会暨第十二届欧洲孔子学院中文教师与本土教师培训班。发言的专家除了其本人与白乐桑教授以外，还有英国伦敦理启蒙大学的张新生教授、意大利罗马大学的张红教授、瑞士日内瓦大学孔子学院的Grâce Poizat教授及法国国民教育部波尔多学区汉语教学督学尹文英女士。参加研讨会的中文教师都表示深受启发，受益匪浅。会议对提高中文教师今后的中文教学能力和水平，起到了具体、有效的推动作用。

2. 法国孔子学院的新进展

2019年，法国新成立了3所孔子学院。法方合作单位是法国西南部的波城、巴黎的高等商业学校及奥尔良大学。截至2019年底，法国和中方院校合作建立了17所孔子学院。[②]它们分成两种类型：第一种属于大学结构，第二种在法律上是民间社团。自建立伊始，法国各界民众就与孔子学院一直保持着良好的关系，孔子学院的学员中有大中小学生、教师、公务员、企业家、商人、医生、海员和退休人员等。孔子学院的确是中国多元文化之窗。除开展中文教育及组织汉语水平考试以外，孔子学院还经常组织丰富多彩的中国文化活动，如中国电影周、中国传统文化展览、学术讲座、音乐会、演唱会、研讨会、书法培训班、厨艺培训班、太极拳培训班等，这些活动吸引了越来越多的法国民众来参加。当然，在法国还有一些孔子学院有自己的专业特色：有的孔子学院文化性很强，有的偏向经济方向，还有的偏向商学院。根据孔子学院成立的宗旨，孔子学院是推广中文教学的非营利机构，又是汉语水平

---

① 见《欧洲时报》，http://www.oushinet.com/wap/qj/qjnews/20190501/320144.html；又见欧洲汉语教学协会网站，http://www.ouhanhui.eu/?p=874&lang=zh。

② 见法国孔子学院网站，http://www.confucius-clermont-auvergne.org。

考试的考点，同时还是介绍中国大学与中国奖学金的咨询中心，为希望留学中国的学生提供留学咨询和申请奖学金的便利。孔子学院的建立又一次充分证明了中法合作在两国文化交流上所起到的不可小觑的作用，有助于加强法国人民与中国人民的相互理解和友好关系，促进两国文化的进一步交流。

在中法文化交流方面，2019 年可谓是繁荣发展的一年。法国孔子学院联合举办了第二届中国文学翻译比赛，要求参赛学生翻译 5 位中国作家（莫言、陈力娇、秦德龙、朵拉、凌鼎年）的短篇小说。① 当年秋天，中国著名漫画家李昆武应邀来到法国，在雷恩孔子学院和克莱蒙费朗孔子学院做了专题画展，并举办了多场讲座，受到了法国民众和学生的热烈欢迎。② 在 10 月的第一周，拉罗谢尔孔子学院隆重举办了中国电影周。中国作家兼导演戴思杰应邀来到电影周开幕式现场，为法国观众介绍了《巴尔扎克与中国小裁缝》这部电影，吸引了拉罗谢尔地区的广大观众。这一周，活动现场天天座无虚席，特别是学习中文的大学生们场场不落。

2019 年底，在中国湖南长沙召开了国际中文教育大会，法国孔子学院的中方和法方院长及国际上众多知名的中文专家都参加了这次盛会，共同呼吁成立中国国际中文教育基金会，并达成了基本共识。孔子学院的改革在国际中文教育事业上是一个里程碑式的事件。

3. 民间大规模的汉字节

2019 年 10 月，第二届巴黎汉字节正式启动。在 5 天的汉字节期间，国民教育部和汉语教师协会牵头举办了一系列有关中国汉字、文化的活动，包括展览、讲座、文化体验和交流等③。

2019 年，法国的中文教育事业经历了新的发展。伴随着数字化带来的新挑战，国际中文教学形式也发生了改变。在中文研究与教学方面，我们还有很多工作要做。法国中文教学界一定要加强与法国本土教师及中国教师的合作，加强学术交流，继

① 见法国孔子学院网站，https://www.institutconfucius.fr/fr/culture/concours-de-traduction。

② 见雷恩孔子学院网站，https://www.confucius-bretagne.org/project/li-kunwu-23-11-2019/；又见克莱蒙费朗孔子学院网站，https://www.rendezvous-carnetdevoyage.com/2019/10/institut-confucius/。

③ 见法国汉语教师协会通讯，La Lettre de l'AFPC n°144，2019 年 10 月。

续扩大与在中文教学领域有建树的中国大学（如北京师范大学、北京语言大学等）的合作项目，积极组织短期中文教师培训班和中文教学国际研讨会。虽然法国中文教学已取得了显著成果，但毫无疑问将要面临的新时代的挑战也很多。通过与中国大学的通力合作，我们相信法国中文教学事业一定会取得更大的成就。

（作者：海博，法国拉罗谢尔大学副教授，拉罗谢尔孔子学院法方院长，法国汉语教师协会副会长）

参考文献：/

BELLASSEN Joël（2016）Le chinois, langue émergente–Etat de l’enseignement du chinois en 2015-2016（汉语，新兴的语言：2015—2016 年汉语教学的现状）.

第四部分　专题报告

语言认知与第二语言习得研究

认知是脑和神经系统产生心智的过程和活动，语言是认知的核心。认知科学于20世纪70年代在美国建立，当前国际公认的六大支撑学科是哲学、语言学、心理学、人类学、计算机科学和神经科学等（蔡曙山，2020）。语言认知是认知科学研究的重要内容，涉及语言学、认知心理学、计算机科学和认知神经科学等众多相关学科，具有文理融合的跨学科交叉的特征。

第二语言习得是一个独立的研究领域，其核心是研究学习者语言习得过程和习得机制。受语言认知跨学科性的影响，第二语言习得主要包含三种不同的认知视角——第二语言习得的信息加工视角、联结主义视角以及认知神经科学视角，从而对二语、双语和多语者的习得、认知和脑神经机制进行探讨和研究。

1. 第二语言习得的信息加工视角

按照信息加工理论的观点，学习者的语言能力包括陈述性知识和程序性知识。技能的获得是由陈述性知识向程序性知识转化的自动化加工过程。换句话说，学习者在语言学习或训练过程中实现了由有意识的控制加工向无意识的自动加工的转化。近些年来，信息加工理论引入，为汉语二语习得研究带来研究范式的“认知转向”。这一转向改变了行为主义学习理论框架下的言语行为习惯获得的研究范式。汉语习得研究关注的不再是汉语学习者外在言语行为的变化，而是学习者内在的认知加工机制（王建勤，2020）。

魏岩军（2017）从认知加工的角度观察注意力资源消耗的有无和多少，考察了汉语作为第二语言口语能力的组块加工机制。结果发现，汉语学习者短语的句法计算过程以控制性加工方式进行，不能实现汉语母语者式的组块式加工，而是以多个组块进行组合加工，而且这个组合过程需要注意力资源的参与，这一过程运用的是陈述性知识。随着重复性训练的进行，汉语学习者句法计算过程中的注意力资源消耗越来越少，逐渐转变为以程序性知识进行短语内部词语的组合运算。胡伟杰、王建勤（2017）着重探索第二语言口语能力的预测指标，该研究选取了两个认知流利性指标——组句加工反应时和注意转移消耗，以及两个表达流利性指标——语速和平均语流长度，采用分层回归分析的方法考察两类指标对口语能力的预测作用。结果表明，口语认知流利性能够有效地提高对第二语言口语能力的预测力，而且比表达流利性具有更高的预测贡献度。

2. 第二语言习得的联结主义视角

知识分布式表征以及平行加工是联结主义理论的基本思想。在这一理论框架下的语言习得研究主要通过人工神经网络模拟人脑的分布式认知加工过程，由此探索二语或双语学习者语言知识表征和平行加工的机制。这一领域的研究对机器学习和人工智能研究具有一定的参考和推动作用。

在这一新的认知理论框架下，国内外都先后进行了许多认知模拟研究。在第二语言习得研究领域，王建勤（2005）将标准的自组织模型和衰减模型结合在一起，模拟了外国学生汉字构形意识的发展，并在此基础之上探讨了汉语二语者汉字知识获得的机制。在儿童词汇学习方面，Li et al.（2007）首开儿童词汇习得“喷发”现象模拟研究的先河。该研究利用“无监督学习”的自组织人工神经网络模拟儿童词汇习得过程，之后利用这一网络模拟了儿童双语词汇习得。利用人工神经网络进行认知模拟的另一个研究领域是外国学生汉语语音习得的模拟研究。这个领域的研究主要是针对外国学生汉语语音习得和汉语声调习得的难点以及习得机制进行模拟研究。例如，陈默（2011）利用“生长树模型”对外国学生声调习得进行了模拟，鲁骥（2011）利用改进的自组织模型模拟了外国学生声调范畴的习得过程和补偿机制。这些研究可以弥补行为实验研究的不足，在探讨学习者的在线加工和复杂的习得过程中具有一定优势。

3. 第二语言习得的认知神经科学视角

脑科学研究是21世纪最前沿的学科领域之一，中国正在酝酿并拟启动“中国脑计划”。“中国脑计划”项目提出了“一体两翼”战略：“一体”是理解人类认知的神经基础，这是神经科学的一个普遍目标，处于核心地位；“两翼”是脑疾病的诊断和干预及脑-机智能技术开发，这为“一体”提供了应用上的反馈（Poo et al., 2016）。语言是人类与动物相区别的最根本标志，语言能力是人脑中最为高级的功能，这使得语言认知神经科学视角的习得研究成为脑科学研究前沿的重要课题，同时也是研究、发展人工智能技术的重要基础（陈霖，2017）。语言习得研究应与认知神经科学相结合，从认知神经科学的角度研究二语习得、双语和多语习得。认知神经科学是语言习得研究的下一个前沿。

2005 年，《科学》（*Science*）杂志提出了 125 个全球尚未解决的科学难题，其中之一是语言习得的关键期问题。神经科学的技术手段可以揭示语言习得关键期背后的认知神经机制，在语言习得这一瓶颈问题的研究上有所突破，从而攻关国际学术前沿的重大理论问题。另外，字词的形音义等要素在人脑中如何表征和学习，一直是领域内研究者关注的重点。句法习得涉及对句子成分和层级结构的剖析和构建，人脑如何分析并整合句子中词汇的语义、句法和语用等信息，对该问题的研究将揭示人类语言习得的本质，并能促进计算机自然语言处理的发展。此外，第二语言加工以及语言切换的研究，可以加深语言加工与执行控制的神经关联的认识。学者们提出了顺应与同化假说，以解释第二语言加工的脑机制与母语之间的相互作用。二语习得与认知神经科学相结合，开辟了语言习得研究的新领域，拓宽了语言习得研究的新视野。

近十几年来，汉语作为第二语言习得研究的发展经历了由结构主义语言学向认知研究的转向。这意味着汉语二语习得研究不再局限于学习者语言结构的描写以及偏误的分析，基于语言认知这一领域的汉语习得研究将逐渐成为主流。虽然目前的汉语习得研究仍然是在信息加工理论框架下，但新的认知理论的涌现也将会为汉语二语习得研究带来新的理论视野和新的研究领域，如联结主义和浮现主义理论，以及认知神经科学等领域（王建勤，2020）。

为了实现这一目标，首先，基于语言认知视角的汉语习得研究应该加快新理论，特别是跨学科理论的引进，进一步扩大研究的理论视野，逐步改变重结构轻认知的研究传统，不断拓宽汉语二语习得研究领域。其次，基于语言认知视角的汉语习得研究应加强研究方法的借鉴和探讨。工欲善其事，必先利其器。研究方法的改进必将大大提升汉语二语习得研究的质量，使汉语二语习得研究逐步达到世界第二语言习得研究的先进水平。最后，汉语二语习得认知研究应该关注跨学科、跨领域的研究，如认知神经科学、神经语言学等领域的研究。跨领域研究不仅可以提供理论的借鉴，而且可以加强研究方法和研究手段的现代化。认知神经科学等研究领域的发展也必将为基于语言认知视角的汉语习得研究带来新的跨越和进展（王建勤，2020）

（作者：王建勤，北京语言大学）

参考文献：/

蔡曙山（2020）论语言在人类认知中的地位和作用，《北京大学学报》（哲学社会科学版）第 1 期，138-149。

陈霖（2017）认知科学的三大基石，《中国科学基金》第 3 期，209-210。

陈默（2011）汉语作为第二语言的声调认知发展模拟，《清华大学学报》（自然科学版）第 9 期，1201-1204。

胡伟杰、王建勤（2017）第二语言口语认知流利性对口语能力的预测作用，《世界汉语教学》第 1 期，105-115。

鲁骥（2011）泰国学习者汉语声调范畴习得过程的模拟研究，北京语言大学博士学位论文。

王建勤（2005）外国学生汉字构形意识发展模拟研究：基于自组织特征映射网络的汉字习得模型，《语言文字应用》第 4 期。

王建勤主编（2020）《基于认知视角的第二语言习得研究》，北京：商务印书馆。

魏岩军（2017）汉语学习者多词短语的组块式加工，北京语言大学博士学位论文。

Li, P., Zhao, X., & MacWhinney, B. (2007). Dynamic self-organization and early lexical development in children. *Cognitive Science,* 31, 581-612.

Poo, M. M. , Du, J. L. , Ip, N. , Xiong, Z. Q. , Xu, B. , & Tan, T. (2016). China brain project: Basic neuroscience, brain diseases, and brain-inspired computing. *Neuron*, 92(3), 591-596.